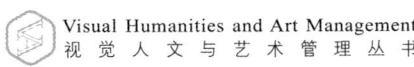
视 觉 人 文 与 艺 术 管 理 丛 书

文化政策

［英］大卫·贝尔
［英］凯特·奥克利 / 著

匡景鹏
赵颖雯
杨一博 / 译

中国青年出版社

（京）新登字083号

图书在版编目（CIP）数据

文化政策/（英）大卫·贝尔，（英）凯特·奥克利著；匡景鹏，赵颖雯，杨一博译.
—北京：中国青年出版社，2020.8
（视觉人文与艺术管理丛书/何桂彦主编）
书名原文：Cultural Policy
ISBN 978-7-5153-6094-2

Ⅰ.①文… Ⅱ.①大…②凯…③匡…④赵…⑤杨… Ⅲ.①文化产业—产业政策—研究 Ⅳ.①G114

中国版本图书馆CIP数据核字（2020）第120395号

著作权合同登记章图字：01-2018-5314

Cultural Policy

© 2015 David Bell and Kate Oakley

All rights reserved. China Youth Press is authorized to publish and distribute exclusively the Chinese (Simplified Characters) language edition. This edition is authorized for sale throughout Mainland of China. No part of the publication may be reproduced or distributed by any means, or stored in a database or retrieval system, without the prior written permission of the publisher. Authorised translation from the English language edition published by Routledge, a member of the Taylor & Francis Group. Copies of this book sold without a Taylor & Francis sticker on the cover are unauthorized and illegal.

《视觉人文与艺术管理丛书》
何桂彦 主编

文化政策

［英］大卫·贝尔　　［英］凯特·奥克利　著
匡景鹏　赵颖雯　杨一博　译

责任编辑：骆　军　陆　遥
书籍设计：无敌兔
出版发行：中国青年出版社
社　　址：北京东四12条21号
邮政编码：100708
网　　址：www.cyp.com.cn
门　市　部：（010）57350370
编　辑　部：（010）57350403
印　　刷：北京科信印刷有限公司
经　　销：新华书店
开　　本：710×1000　1/16
印　　张：10.5
字　　数：161千字
版　　次：2020年9月北京第1版
印　　次：2020年9月北京第1次
定　　价：45.00元

本图书如有印装质量问题，请凭购书发票与质检部联系调换，联系电话：（010）57350337

主编的话

对于我来说，策划《视觉人文与艺术管理丛书》多少有些偶然。因为在过去很长一段时间，我的学术兴趣是对中国当代艺术思潮的研究。然而，当真正将中国当代艺术作为一个课题时，就会发现，许多艺术思潮、美术运动、艺术现象都根植于具体的历史情景，从一开始并不囿于单纯的艺术本体领域，而是会涉及更广阔的视觉与人文领域。倘若从艺术生态的角度去理解中国当代艺术的发展就会发现，策展人、展览制度、画廊、美术馆、博览会、艺术拍卖等都有不可替代的作用，用美国批评家阿瑟·丹托的说法，是会形成一个广义的"艺术界"的。同时，它们的运作与生效必然会涉及艺术管理。于是，偶然中孕育了必然，基于一个良好的愿望，即从不同的角度来思考当代艺术的发展及其生态，成为了我策划这套丛书的动力。

2005年以来，我多次给美术史专业的本科生与研究生讲授"中国当代艺术的展览与展览史"。这门课程不仅以线性的发展梳理1978年以来涌现的代表性展览，还讨论展览如何构成历史，如何影响当代艺术史的书写。长期以来，大家会有一种认识，即艺术家与艺术作品创造了历史。这种观念由来已久。当意大利画家、雕塑家瓦萨里在1550年出版《名艺术家传》之后，艺术家就被赋予了光环，因为他们成为了美术史书写的绝对主体。在中国当代艺术的发展进程中，"新潮美术"是一个特殊的时期，从那时起，当代艺术家也开始拥有了光环。然而，追溯中国当代艺术的发展，那些拥有光环的艺术家，在各个时期或重要阶段，都必然会参加一些展览。也就是说，展览成就了艺术家，展览同时也在塑造历史。比如，王克平、黄锐之于"星星美展",张培力、耿建翌之于"八五新空间"展,张晓刚、毛旭辉之于"新具象",喻红、李天元等之于"新生代",王广义、方力钧等之于"广州双年展"等等。因此,从展览出发,中国当代艺术就自然会梳理出自身的展览史。同时,正是这些展览为艺术家赢得了光环。

谈中国当代艺术的展览,自然会涉及另一个话题,那就是批评家的崛起。当"新潮美术"的意义被不断发酵,我们不要忘记20世纪80年代也正是中国当代艺术批评的黄金时期。随着栗宪庭、高名潞、费大为、朱青生、彭德等一批青年批评家走向前台,他们不仅成为了"新潮美术"思想的引领者,也扮演了策展人的角色。1989年在中国美术馆举办的"中国现代艺术展"是这代批评家最大的成果,而他们也自然成为中国当代艺术的重要推动者和组织者。1992年以来,由于国内与国际文化语境的急速改变,中国当代艺术开始逐渐融入全球化的语境,正是这一阶段,批评家的角色逐渐向策展人转变。以1992年的"广州双年展"和1994年开启的"中国批评家提名展"为标志,批评家的身份转化如期而至,他们希望通过展览,而不再是批评文本的写作介入到当代艺术领域。20世纪90年代初,"策展人"(curator)这个词已由台湾传到国内。与80年代不同的景况是,到了90年代中后期,以黄笃、冯博一、邱志杰(同时也是艺术家)、朱其等为代表的更年轻一代的批评家开始活跃,因其独立策划以及对实验性的追求,从而具备了"独立策展人"的身份。与此同时,生活在海外的一批中国策展人诸如侯瀚如、费大为、高名潞等也开始在全球化的语境与西方展览体制中寻找机会,积极推动当代艺术在海外的发展。他们的策展理念和工作方式与国内同行有很大差异,譬如,侯瀚如致力于摆脱既有的西方/东方、中心/边缘、主体/他者这些二元对立的话语,在既有的西方艺术体制与批评谱系中,探索新的可能性。借助霍米巴巴的"中间介质"概念,侯瀚如希望建构一个"第三空间",基于上述理念,先后策划的展览有"走出中心"(1994年)和"移动的城市"(1996年)。

20世纪90年代中后期,学界开始思考展览的组织与机制等问题。不管是源于"与国际接轨"的焦虑,还是出于国内展览体制的自我完善,1992年以来,中国国内双年展的建设开始变得迫在眉睫。以1996年"上海双年展"为标志，中国大陆开启了建设双年展的步伐（1992年广州双年展的核心目的是"以学术引领市场"，并没有将展览制度的建设放在首要位置）。经过几年的摸索，进入新世纪后，国内的双年展已蔚然成风，出现了成都双年展、南京三年展、重庆青年美术双年展、贵阳双年展等众多的双年展或三年展。不过，20世纪90年代的双年展多少有些"摸着石头过河"的意味。就双年展制度的建设来说，2003年是一个重要的年份。因为第50届"威尼斯双年展"开始设立中国国家馆。既然渴望融入全球化的展览体制，就需要遵从国际展览的规则。既然是"国家馆"的展览，自然需要策展人来负责。以范迪安领衔的策展团队为当年国家馆的展览命名为"造境"。即便因为突如其来的"非典"，使得"造境"未能如愿远赴威尼斯，但就策展人和双年展制度的建设来说，这无疑是一次飞跃。在新千年前后，美术界认识到，策展人与展览制度的建设是不可或缺的。

2001年是一个重要的转折点，中国加入WTO不仅标志着中国的崛起，也拉开了全球化角逐的大幕。事实上，2000年以来一个非常典型的现象是，中国当代艺术开始告别潮流，告别运动，不再像80年代一个艺术思潮接着另一个思潮，一个现象接着另一个现象，由此形成线性的发展轨迹。更为重要的是，中国当代艺术的价值诉求，以及意义生效的方式，抑或是策略也发生了转变。在20世纪80年代的艺术史情境中，大部分当代艺术家是以民间vs体制、前卫vs保守、边缘vs主流、精英vs大众的方式来主导创作。进入90年代，中国当代艺术除了要强调自身的前卫性、实验性，同时还面临着全球化带来的后殖民思潮的侵蚀，以及大众文化、消费文化的多重冲击。此时，全球化背景下的"中国身份"、前卫艺术的生存策略、国际展览体制等诸多问题都直接或间接影响了中国当代艺术自身的蜕变与发展。所以，此阶段中国当代艺术的价值诉求主要围绕本土化vs全球化、东方vs西方、文化保守主义vs后殖民等问题凸显出来。

毫无疑问，新千年之后，中国当代艺术进入一个崭新的发展阶段，同时，新的挑战与问题也逐渐增多。粗略地看，有几个变化值得注意。

• "当代艺术"的内涵与外延均发生了较大变化。在20世纪八九十年代，当代艺术的前卫性与反叛性，更多得益于内部的二元对立逻辑，2000年以后，二元对立的策略开始失效，艺术创作进入了多元化时期。

• 展览体制和外部生存环境发生了重要的变化。比如（1）国内建立了较为成熟的双年展模式；（2）国际性展览平台逐渐增多；（3）由画廊、美术馆、艺术博览会所形成的个展、群展模式，实现了展览模式的多元化。和早期中国当代艺术寻求进入公共空间，渴望从"地下"走向"台前"有根本性不同，今天的当代艺术已具有了一定的合法性，拥有了大量的国际交流机会。然而，新的展览机制不仅改变了中国当代艺术的生存环境，也潜移默化地影响着艺术家创作策略的调整。

• 中国当代艺术进入全面市场化的阶段。2004-2008的几年间，中国当代艺术的市场指数出现了翻倍的增长，用当时流行的话说，"中国当代艺术进入天价时期"。

• 中国迈入一个美术馆的时代。2004年以来，民营美术馆如雨后春笋般涌现，不仅推动了当代艺术的展示与收藏，也改变了既有的艺术生态。

• 2007年以来，政府部分艺术机构加速接纳当代艺术的进程，力图将当代艺术与国家文化发展战略结合起来予以推广。

• 艺术区与职业艺术家的出现。2001年以来，仅北京地区就出现了798艺术区、东营艺术区、环铁艺术区、一号地、索家村、费家村、草场地等数十个艺术区。同样，在上海、成都、重庆、广州、西安等城市也出现了许多艺术区。和20世纪90年代初圆明园画家村颇为不同的是，艺术区大规模的出现为艺术家的流动与交往提供了便利，更重要的是，入住艺术区的艺术家也不再是"盲流"，而是有合法的职业艺术家身份。

• 艺术博览会的高速发展。据不完全统计，2015年以来，中国每年举办大大小小数十个艺术博览会，最具代表性的有香港巴塞尔艺博会、上海ART021、"艺术北京"等。此起彼伏的艺术博览会推动了当代艺术的商业化，也让更多的中产阶级有机会了解与收藏当代艺术作品。

• 艺术基金会与各种非营利性艺术机构的出现。近年来，中国国家艺术基金每年都会支持一些当代艺术的展览与学术项目，而国内的非营利机构、替代性空间也会推动一些小型的实验艺术展。虽然基金会与非营利性机构的影响力还比较有限，但其发展空间是十分广阔的。

2008年以来，在"后奥运"和美国次贷危机的背景下，经济的疲软也影响着外部的艺术生态，与新千年的高速发展比较，中国当代艺术进入一个相对平稳的时期。有人认为，2008年以来的十年总体是萧条的，有人则认为，这十年是一个重新洗牌的阶段。事实上，回顾中国当代艺术四十多年的发展，尽管硕果累累，但就艺术生态建设来说，许多环节仍存在不足。比如，虽有策展人，但策展制度却不健全；虽有许多新美术馆，但大部分缺乏专业的运营团队与管理人才；虽然美术批评曾对当代艺术产生过巨大推动，但批评至今仍无法独立；虽然艺术区如雨后春笋般涌现，但艺术家的权益却缺乏法律保障；虽然有非营利性艺术机构，但很难得到社会资金的资助；虽然企业有意愿收藏当代艺术品，但国内又缺乏相应的税收减免政策……在诸多问题中，一个严峻的现实是，艺术管理人才的缺失，以及艺术从业者缺乏必要的行业规范与学术认同。

主编《视觉人文与艺术管理丛书》，初衷是希望它们成为艺术管理专业的必读书目，或者教材。他山之石，可以攻玉。希望国外学者的研究成果能为我们提供一个参照，将"后发"转化为优势，更为主动、积极地推动中国当代艺术生态的建设，形成学术共同体。

得益于丰富的策展经验与开阔的学术视野，朱迪斯·鲁格与米歇尔·赛奇威克主编的《当代艺术策展问题与现状》将为我们全面、深入地了解欧美的展览现状与展览制度提供一个通道。基于欧美20世纪60年代独立策展人的出现，以及70年代展览制度的构建，"当代策展的思维方式"一章不仅勾勒了西方策展史的发展线索，还提出了"策展人的转向"问题。这种转向既包含展览的实践与批评话语，也包括策展人的工作态度与身份，更重要的是，如何在观念上打破既有的西方与非西方的二元对立边界。对于那些致力于成为策展人的读者来说，策展人如何工作，他们应具备什么样的技能，应该有怎样的学科背景与知识储备，在本书中都能获得答案。基于对"扩展场域"的思考，以及社会对不同展览类型的需求，这本书讨论了欧美一种新的发展趋势——策展与跨学科的交汇。它并不追求深奥的理论阐述，而是通过大量的展览实践与个案分析，让读者真切地感受到欧美策展界所面对的挑战，以及对既有展览机制的反思，特别是对策展过程中一些具体问题的处理。

在今天的中国艺术界，一个多少令人沮丧的事是，在许多人眼中，"策展"已成为一个没有门槛的职业。用国内一位知名策展人的话讲，中国的策展人就像"包工头"。虽然20世纪90年代就出现了第一批"独立策展人"，但直到今天，策展人的角色、工作方式，尤其是围绕策展所形成的展览制度仍未有清晰的认识。从这个角度讲，我们离"策展人的转向"还有不少距离。

来自纽约大学人文与科学研究院博物馆研究部的布鲁斯·阿特舒勒主编的《建立新收藏》，集中讨论西方博物馆与美术馆体系中的收藏，以及围绕收藏在资金、观念、制度、管理等方面涉及的问题。阿特舒勒谈道，"收藏和保存物品被传统地标记为博物馆的核心功能或者至少是核心功能之一，然而，关于博物馆与当代艺术的讨论却几乎完全聚焦于陈列与展览问题上。"事实上，如何让博物馆、美术馆在当代艺术范畴，呈现"一部可见的艺术史"，长期以来，在欧美也是充满争议的。对于当代艺术的收藏，不仅涉及媒介与形态上的分类与管理，比如雕塑与装置、影像与新媒体等，而且还涉及更为内在的问题，即收藏与艺术史、收藏与当代艺术叙事的关联，其本质在于如何构建当代艺术的价值尺度与理论体系。

与国内的情况比照，虽然中国当代艺术总体上取得了丰硕的成果，但迄今为止，很少有体制内的美术馆收藏当代艺术品。其实，不用说收藏当代艺术品，就国内美术馆与博物馆系统来说，至今也没有完成对20世纪中国艺术的系统性收藏。在《建立新收藏》一书中，作者不仅追溯了西方从文艺复兴以来艺术收藏的观念，收藏的传统如何绵延与发展，还展现了进入20世纪以后，欧美的美术馆、博物馆，如纽约现代艺术馆、古根海姆美术馆、大都会、蓬皮杜、惠特尼美术馆等如何收藏现当代艺术，并致力于美术史体系的建设。众所周知，对于当代艺术而言，没有收藏，没有深入的研究，就很难完成艺术史的书写，更难形成自身的价值体系。某种程度上，欧美的现当代艺术之所以能在全球产生影响，在文化与艺术领域拥有话语权，正得益于美术馆、博物馆建立了完整、系统的收藏体系。不仅如此，20世纪70年代以来，欧美开始反思自身的收藏体系与价值标准，为了打破既有的欧洲中心主义或西方标准，那些来自亚洲、非洲、拉丁美洲的艺术，成为了"新收藏"

的主要对象。

第五版的《管理与艺术》将为读者提供全面、系统的艺术管理知识。威廉·贝尔纳斯教授不仅有四十多年的艺术管理经验，是多个艺术机构与基金会的董事，2011年曾获得美国剧场技术学会颁发的管理卓越成就奖，同时，他长期在艺术学院与管理学院担任领导工作，并为研究生开设艺术管理课程。本书第一版诞生于1993年，在其后二十多年的时间里，根据艺术现场的变化与管理学的发展，贝尔纳斯教授不断丰富、完善书中的内容，更为重要的是，该书以"百科全书"的视角，呈现了"艺术管理"背后所涉及的多学科或跨学科知识。

在今天的中国，艺术管理还是一个全新的专业，有许多年轻的学生致力于此。诚如丹·马丁教授在前言中的郑重推荐，"《管理与艺术》有助于今天的艺术管理者的终身学习，不论你是刚刚入行的好奇学生、还是经验丰富的管理者。在这本书中，威廉·贝尔纳斯不仅仅介绍了管理的基础知识，还提供给我们一种管理的语境，帮助我们明白作为管理者的行为会产生的影响，以及对我们的机构、艺术家、合伙人、以及其他利益相关人所产生的涟漪效应。"

在《文化政策》一书的导言中，大卫·贝尔和凯特·奥克利指出："这本书不仅关注什么是文化政策，以及文化政策是如何起作用的，而且也关注制定文化政策的目的是什么。对于主修这一课程的学生而言，了解政策是在怎样广泛的政治和社会背景下被制订出来是非常重要的；同时，了解决策者、科研员、文化工作者、激进主义者、管理者以及消费者在思考这些问题时所担负的责任也很重要。"在本书中，作者谈到了文化政策所包含的主要内容，以及以空间尺度为基础，对城市、国家、国际等不同层面所产生的影响。

与同期出版的另外三本著作相比，《文化政策》涉猎的话题更为宏观。但是，对于中国艺术的发展来说，我们会注意到，政策的驱动往往能产生很大的作用。2007年以来，政府部分艺术机构加速了接纳当代艺术的进程，其中一个重要的变化是，力图将当代艺术与国家文化发展战略结合起来。同时，国家也希望将艺术与文化产业结合，开辟创新型产业的一条新路。在国家《十三五文化发展纲要》中，更是明确了文化艺术发展在未来的重要性。然而，立足于文化政策的制定，以及如何对城市文化、创意产业，以及地区、国家之间的文化与艺术交流，大卫·贝尔和凯特·奥克利通过一些具体的案例，进行了全面而深入的分析。

在丛书即将付梓之际，特别感谢中国青年出版社骆军先生的大力支持，尤其是责任编辑陆遥女士的辛勤付出，其严谨的工作态度与责任心让人钦佩；感谢丛书的翻译者，其中，查红梅、董虹霞、徐琪歆、周彦华、匡景鹏、杨一博等六位老师是我的同事，也是艺术学理论学科的骨干教师。在四川美院，艺术学理论还是一个非常年轻的学科，正是基于学科的推动与"双一流"建设，在繁重的教学之余，大家仍不辞辛劳地致力于丛书的翻译。最初，我们计划翻译的书籍不仅包括策展、美术馆管理、艺术收藏、文化政策，还希望涉及基金会、画廊管理、艺术拍卖、艺术法律、艺术博览会等内容，但因为时间与出版经费的限制，很遗憾，第一期只能出版四本。感谢哈佛大学在读博士杜琳、纽约艺术基金会的蔡赟，在前期翻译书目的选定上，给了我许多好的建议。感谢在项目推进过程中，给予我们关心的领导与朋友。如果能推动艺术学理论学科的发展，能推动当代艺术的学术共同体的建立，翻译与研究项目不在大小，点点滴滴，最终都会产生积极的意义。

何桂彦

四川美院美术学系教授

四川美院美术馆馆长

致谢

大卫：感谢多年来与我在斯塔福德郡大学文化政策与机制研究课程上深入探讨的所有老师和同学们，他们是本书的灵感之源。感谢CTU的同事为我提供的咨询帮助。感谢我的家人和朋友，特别是黛西，她持续点燃我对文化研究的热情，还有科林，是他将我带入了一个个全新的文化研究领域。在此，我还要感谢娜塔莉·福斯特、谢尼·克鲁格以及所有劳特利奇出版社的工作人员，在他们的帮助下方使我完成了这本书。最后，向我卓越的合作伙伴凯特致以诚挚的谢意。

凯特：首先，要感谢大卫，是他最先发起这个撰写计划，自始至终他都是一位优秀的合作伙伴。其次，感谢利兹大学传播学研究所的所有同事提供了一个如此适于工作的场所。感谢文化政策专业的同事格雷汉姆·希钦和汤姆·坎贝尔提供的早餐与闲谈。最后，感谢皮特的大力支持。

大卫·贝尔：英国利兹大学批判人文地理学专业高级讲师。
凯特·奥克利：英国利兹大学文化政策专业教授。

目 录
contents

第一章　导论　1

第二章　文化政策中的文化　17

第三章　文化政策中的政策　45

第四章　城市文化政策　71

第五章　国家文化政策　103

第六章　国际文化政策　131

CHAPTER

1

第一章
导 论

Introducing Cultural Policy

> 了解文化政策并参与其中是投身文化业的重要一环。
>
> （Miller and Yudice 2002: 34）

在本书完稿前，我们收到了两本新刊物。这两本刊物内容丰富，虽然角度不同，但都是围绕当今的文化政策这一议题展开的讨论。这些内容都跟文化政策有关，可以说，它们就是文化政策范畴内的话题。我们有时不太会去关注这类"政策文件"，但它们同样也是文化政策研究的内容。（具名或不具名的）研究人员耗费心血研究出了这些成果，他们采用实证研究的方法，为文化这一议题提供了事实依据，这些成果很快又会成为其他研究和评论的资料来源（本章内容也不例外）。这两本刊物分别是联合国教科文组织（UNESCO）的《创意经济报告——2013拓展本土发展途径专刊》（*Creative Economy Report*）以及欧盟委员会发布的民意调查"欧洲晴雨表"第399期特刊——《文化获取途径及参与》（Special Eurobarometer 399, *Cultural Access and Participation*）。

为了让读者更好地理解本书，我们将从这两份报告入手。先来分析这份民调报告。正如本章开头所引用的米勒和尤迪思的观点，这份报告让我们思考大众对于文化政策的投入度和对文化的参与度。（Miller and Yudice 2002）《文化获取途径及参与》根据相关问卷调查和访谈梳理了研究结果，并给出了欧盟27个成员国公民文化活动参与度的详细信息。调查中关于总体文化参与度的计算标准有四个：很高、高、中和低，并详细列出了不同文化活动的类型。所选的文化活动列表如下（见表1.1）：

表1.1　民调报告中的文化消费类别
（调查对象需说明过去一年中参加如下活动的次数）

观看电视或收听广播里的文化节目	听音乐会
阅读书籍	去公共图书馆
去电影院	去剧院
参观历史遗迹或古迹	观看芭蕾、舞蹈演出或歌剧
参观博物馆或美术馆	

来源：2013年"欧洲晴雨表"民调报告

报告制订的这份列表表明了文化政策领域一系列令人担忧的问题，其中尤为明显的就是"高雅文化"和"流行文化"之间的紧张状况。我们会在第二章中细谈这个问题。表1.1只考虑到了文化消费的因素，报告随后还提到了文化生产的因素（报告使用的是"艺术活动参与度"这一较为狭窄的概念）。表1.2体现了可供调查对象选择的艺术生产活动类别。

表1.2　民调报告中的艺术生产活动类别
（调查对象需说明过去一年中是否独自或与他人一起参加过如下活动）

跳舞	设计网页、写博客等利用电脑进行的创意活动
拍摄电影、摄影和唱歌	创作诗歌、散文、小说等
其他创意活动，如雕刻、绘画、手工或素描等	参与舞台表演或电影表演
演奏乐器	以上都没有

来源：2013年"欧洲晴雨表"民调报告

对于我们来说，非常有意思的一点是：表1.1将"观看电视或收听广播里的*文化节目*"明确为文化消费行为，表1.2则把"设计网页、写博客等利用电脑进行的*创意活动*"明确为艺术生产活动。这样就出现了一个争议：对于文化政策范围的界定——或者至少说——对于文化的界定。我们后面还会提到这一点。

另一个同样需要讨论的问题就是对于"政策"这一概念的界定。欧盟民调到底在多大程度上算是一份政策性文件？我们认为，该报告代表了文化政策研究中非常重要的一个分支——关于文化的衡量。这份报告的引言援引了《欧盟条约》（Treaty on the European Union）以及《欧盟文化议程》（EU's Agenda for Culture，由欧盟委员会于2007年发布——译注）中的相关内容。其中明确了该报告是以欧盟现有的文化章程为依据的。这份报告是对2007年进行的调查研究的后续，其目的在于比较这一时期内文化参与度的变化，也是为了评估《欧盟文化议程》和相关的文化项目是否成功。所以说，该报告其实是当今所谓"新公共管理"时代下迅速发展并不断增长的一种文化审查。（Belfiore 2004）这一报告更宏伟更明确的目标是探索并衡量"身处文化领域的欧盟公民如何思考与行动"。（Eurobarometer 2013: 2）诚然，从调查中这些关于跳舞或阅读的简单数据上升到"思考"的层面，无疑是一个飞跃。

我们从报告中还可以读出另外两层典型的在欧盟维度下的含义。首先，该报告试图通过文化参与找到实现欧洲一体化的替代方法。为此，它调查了欧洲各国之间的"文化跨境"状况，包括人员跨境（比如前往其他欧洲国家欣赏剧院演出）和文化产品跨境（比如询问调查对象是否阅读过其他欧洲国家出版的小说）。这些都与欧盟的其他跨境措施紧密挂钩（详见本书第五章）。这份报告认为：文化交流可以说明欧洲化程度越来越高，这同时也是一系列政策的积极成果。这些政策旨在进一步深化国家间合作。其次，该报告在"文化目的"这一指标中将互联网单独列为一项，当然，"文化目的"这一概念同样非常难以界定，因此，该报告将这些目的分成"直接使用"和"间接使用"两种：前者包括在网上阅读文章；后者则包括从网上购买文化产品。

尽管"文化类"的媒体报道受到的关注度通常不太稳定，有时甚至难以预测，但这份报告自2013年11月问世以来便引发了关注。英国国内电视新闻对此的报道引起了我们的注意。其中值得一提的重大发现便是英国和其他友国（有时也是竞争国）在文化参与度上的数据比较。其中一位新闻评论员对此作出的总结是：这一新的研究表明，英国人比法国人和意大利人都"更有文化"。这一结论并不是完全没道理的：在上文表1.1列出的九大文化消费类别中，英国人在其中六项的文化参与度方面都高于法国人或意大利人。这一报道实际上是出于一贯的偏见和固有印象：法国人一直嘲弄英国人是没文化的"烤牛肉"（英国人因法国人爱吃田鸡腿而戏称其为"青蛙"，法国人便以英国人最喜爱的食物"烤牛肉"来代指英国人——译注）；意大利人则往往自夸意大利是欧洲文化之都。对于像笔者这样从小看《无国界游戏》（*Jeux Sans Frontières*，1965年—1999年间曾风靡欧洲的游戏节目——译注）和《欧洲歌唱大赛》（*Eurovison*，1956年举办至今的世界范围的歌唱比赛——译注）的观众来说，马上就能察觉出熟悉的戏谑腔调。这再一次证明了：英国人又赢了！我们去美术馆比意大利人勤快多了！我们读的书比法国人多多了！这些英国报道回避了一个事实，那就是北欧国家的文化参与度其实才是全欧盟最高的。当然，这样的解读把欧盟这份调查报告中详细呈现的文化数据过于简单化了。不过这也恰好说明了媒体是会关注到文化政策这一议题的。

本书创作期间，经济危机的发生导致了公共领域的低迷。这也是文化政策这一议题获得媒体关注的另一大原因。欧盟和联合国教科文组织出版的这两份报告都承认这一时期对于文化创作者和消费者来说尤为艰难。虽然联合国教科文组织《创意经济报告——2013拓展本土发展途径专刊》的标题中突出了"经济"二字，但其内容却恰好体现了关注点的变化。二十多年间，主流观点一直认为文化是标准的经济增长模式中的一部分。而现在，我们寻求的是如何将文化活动置于多样态的经济发展模式之中。

驱动文化政策的因素是会随着时间、地点和政治环境的改变而改变的，本书也提到了这一点。最近几十年来，很多国家认为最重要的驱动因素是经济因素——即文化领域的经济增长和因此而产生的收益与就业机会，我们通常称之为文化产业、创意产业或创意经济。这些不同的说法意味着侧重点的不同，但有一点是相同的，即对文化的重视已经逐渐成为各国政府和各大国际组织（包括欧盟及联合国在内）公认的经济增长的重要驱动力。从20世纪末开始，"创意产业"这一概念就开始吸引全球的关注（Cunningham 2009），这其中也包括一些"南半球国家"（原文中Global South一词通常用来指代经济发展水平较低的发展中国家——译注）。相较于发达国家（Global North）而言，前者通常被认为对这些新兴的流行概念持保留态度。

正如经济发展中的其他类型一样，由文化业驱动的经济增长在效益分配上已经显现出极大的不平衡。针对这一问题的认识和回应正是联合国教科文组织《创意经济报告——2013拓展本土发展途径专刊》的核心内容。报告中明确表示我们没有理由认为发展文化产业就会使得经济的发展更加均衡合理。虽然身处世界各地的文化工作者都可以为全球市场创造文化产品，但这些文化产品的发行经费以及相关法律等专业技术仍然掌握在少数国家手中。对于各国而言，文化生产一般集中在少数大型的中心城市。从地理分布上来看，获得文化的机会也集中在更发达、人口更多的地区。同时，这些聚焦于经济理念的文化政策也掩盖了文化在社会生活中的其他重要作用：教育功能、建立身份认同、提供精神性或是娱乐性的享受。

联合国报告将视角从"创意产业"的单一模式转向更加多元化的经济发展方式，这恰好印证了世界范围内商业流行文化的兴起——比如坦桑尼亚"本格风"音乐（Tanzanian hip hop，又称Bongo Flava，指反映坦桑尼亚社会生活现实的一种本土流行音乐——译注）、墨西哥电视肥皂剧、尼日利亚电影（Nigerian moviemaking，尼日利亚瑙莱坞出产的非洲电影已经成为非洲的一种主流文化现象——译注）和韩国流行音乐等——同时也认可了多样态的经济发展模式。这些模式可以是合作社以及非营利机构的形式，也可以是强调个性的生活方式型企业（lifestyle business，通常基于创立者个人的兴趣、爱好和技能而建立，并可维持企业所有者的特定收入水平——译注），还可以是以物易物或者共享贸易的形式。对于错过上一波经济发展的人来说，这些更适合文化活动的发展模式意味着新的价值源泉。国家或地方政府部门以及一些社会团体和活动家又将如何认识并接受这种变化？我们对此拭目以待（本书第三章将讨论文化政策制定者这一问题）。倘若这一变化的影响力与日俱增，那么从文化政策这一发展中的领域来看，这将会是一次新的更迭。

定位文化政策

除了文化政策的定义以及实施方式外，本书同时也探讨了实施文化政策的目的。文化政策的学习者应该认识到，思考并投身于文化政策领域的前提是了解其政策制定的政治及社会背景，并清楚决策者、研究者、文化工作者、活动家、管理者和消费者各自的职责，我们认为这是非常重要的一点。正如本书所阐述的：文化政策其实是一种公共政策，它和其他公共政策一样，都会受到政治变革、金融危机以及全球局势的影响（其影响可以说有过之而无不及）。

以2007年8月开始的全球金融危机为例，这场危机对于现行的资本主义经济模式的打击到底有多大？关于这一点，目前各派学者仍各持己见。（Haring and Douglas 2012; Mirowski 2013; Turner 2012）但毋庸置疑的是，危机对于现行的经济模式造成了巨大的冲击，并会给以欧洲国家为代表的福利资本主义模式带来持续影响。这一模式从二战后开始盛行，主张政府负担医疗、教育、公共交通等公共领域的开支。本书对于文化政策的解读正是以此为前提。在该模式中，政府同时承担了为文化生产和消费提供资金的角色，那么，这些拨款决策从何而来、由谁做出、其意何在？这些正是本书所讨论的内容。值得注意的是，在很多发达国家（特别是欧洲各国）中，政府为了偿还金融危机的债务已濒临破产。因此，在今后一段时期内，政府的文化类支出将会收紧。近来，对艺术领域的资金削减一度成为文化政策领域内受媒体关注的焦点。

阿戴尔·特纳（英国学者，曾任英国金融监管局主席——译注）认为政府对于文化项目的撤资其实在金融危机之前就已显现。这一趋势的出现有两大背景：经济对于文化政策的驱动力日益凸显；企业家、商业机构或个人消费者开始取代国家、社会及人民，成为了相关政策的既定受益者。（Adair Turner 2012）在特纳看来，这恰好说明了文化政策领域*政治风向*的变化：文化政策从原先聚焦于大众化需求向关注个性化需求转变，其追求公共利益的本质已被实现商业价值和市场交易所替代。随着政府对于维持现有公共文化空间及资助非市场化供应需求的能力下降，这种财政紧缩带来的结果可能是：文化政策最终会成为经济调控的手段之一——正如对食品或制药市场的调控政策一样。

我们认为这一趋势并不令人乐观。联合国报告也印证了这一点，部分决策者对此并不看好。从本质上来说，文化政策应该是合乎道德且关乎政治的。同时，我们深信审慎的调查与投入对于文化政策来说极为重要。文化政策关系着我们的生活，因此，我们不应该轻视，更不能忽视其影响力——文化政策还关乎政治隐患。换言之，倘若我们不密切关注文化政策的形势，最终可能会导致两种后果：市场缺乏调控；决策受个人意志或利益制约（真正的决策绝非如此）。因此，我们希望读者通过对本书的学习能够进一步了解文化政策并参与其中。

解读文化政策

通过阅读本书，读者将会了解到，文化政策的研究内容广泛且相当复杂。一部分评论家认为该领域的研究"时机"已过，创意经济模式才是目前的大势所趋。前文中提到的联合国报告便是一大佐证。（Turner 2014）然而，我们对此持有异议。文化政策这一领域目前依然保持活跃势头，并将进一步发展。纵观近期出版的相关研究和大学里的相关课程，我们不难发现，这一领域涉及形形色色的跨学科知识及方法。克里夫·格雷（Clive Gray）对此进行了提炼总结。他的总结恰如其分地说明了文化政策研究内容的广泛（或者说庞杂）。我们在此完整地引用了格雷的观点（其书中的引用部分除外）。格雷认为，文化政策与以下方面息息相关：

> 社会文化发展、文化多元性、文化可持续发展、文化遗产、文化及创意产业、生活方式型文化及生态文化、跨文化发展的城市规划、文化事业规划、本国语言扶持、"目前的社会争议焦点"、美国社会的"文化战争"（该词于20世纪90年代在美国出现，指不同意识形态派别之间的价值冲突——译注）、"文化公民的产生"、"文化政策的象征、意义、诠释及其永恒的政治功能"。

（Gray 2010: 218）

以上描述勾勒出了文化政策研究的潜在方向。这表明：倘若研究者试图总结出文化政策的研究目标，就必须先筛选研究内容、搭建研究结构并界定研究范围，这也正是写作本书的目的之一。可行的方法有如下几种：遵循历史进程展开梳理；按照不同类别进行讨论；聚焦特定的文化形式及方法。不过，鉴于本书的两位作者中有一位是地理学家，本书采用了一种创新的方法——即构建空间层级的方式（the scaffold of spatial scale）——串联文化政策的相关内容。必须承认的是，批判人文地理学研究领域关于"层级"这一概念至今仍存在争议：其确切定义、表现形式、实用功能、甚至存在与否均未有定论。（Herod 2010）本书不会涉及这一概念的具体讨论。对于我们来说，"层级"可以作为串联并思考文化政策研究的一种便捷手段。这一做法并不是没有依据的，其他学者也曾指出从空间上或地理上思考文化政策的重要性。戴夫·奥布莱恩在探讨艺术经费时强调了地理空间层级,并从城市(urban)的层面展开了具体讨论。(Dave O'Brien 2013)在此之前,他已同史蒂夫·迈尔斯(Steven Miles)一起,从本地和大区层面(region,指英格兰最高层级的地方行政区,英格兰共有九个大区——译注)入手就英格兰北部地区的文化政策发展进行过研究。(O'Brien and Miles 2010)这一研究聚焦于文化政策在地方的推行,并推崇因地制宜的分析,以期从地理空间和地方层面剖析文化政策的作用。通过对利物浦和纽卡斯尔—盖茨黑德(Newcastle Gateshead,指由相隔英格兰泰恩河两岸的两座城市形成的城市群——译注)两大地区进行比较,奥布莱恩和迈尔斯发现,"地区性"这一因地制宜的要素在文化政策研究中非常重要并值得探讨。这一发现有力地反驳了部分学者的观点:随着文化政策在各国的推行,同质化发展将逐渐开始显现。上文提及的联合国教科文组织《创意经济报告——2013拓展本土发展途径专刊》也从地理层级入手,逐一探讨了全球、国家和地方这三大层面。同样,迈克尔·沃尔克林也曾提出过创意产业政策中非常值得关注的一点,即"政策属地性"。他将政策作为一个"属地性或空间性的概念"展开探讨。(Michael Volkering 2001: 437,440)这就像给政策"绘制地图"或"划定边界"一样。不过,这不仅仅是一个简单的比喻:政策确实是受到地理因素影响的,反之也是一样。在此,我们必须指出,对于政策"属地性"的强调并不意味着我们只需要从地理层面上研究政策;我们同样需要运用关联性分析去探究不同地理层级中政策的异同。关于这一点,麦克凯恩和沃特认为:

> 我们必须认识到政策制定既具有关联性,同时又具有属地性。它是灵活变通而又相对固定的(或者说与各地情况相结合的)。这一看似矛盾的属性对于政策运行并非不利:一方面,政策之间是相互关联而又不断变化的;另一方面,它又是不易改变且具有地方属性的。这一冲突能够推动政策制定,它使得政策制定卓有成效。

(McCann and Ward 2011: xv)

敏锐的读者和关注"层级"这一概念的人会发现,本书只选取了部分地理层级展开探讨:我们只围绕三大层级——城市、国家和全球——来剖析文化政策。这一选择剔除了多个地理层级，以此契合读者的喜好。我们先来复原这些地理层级，并逐一进行思考，之后的章节中将不再涉及这些内容。我们认为，完整的地理层级链包括：个人—家庭—社区—城市—地区—国家—全球。先来谈谈"家庭"，这一因素在本章中已经出现过，如观看电视节目（包括"欧洲晴雨表"民调报告调查对象看电视的习惯以及读者自己收看电视新闻的习惯）。文化政策其实体现在家庭中的方方面面：它渗透在电视和广播节目中，浸润于书本、漫画、光碟、博客等文化消费中，隐匿于家中形形色色的文化商品和体验中。尽管这些不易让人察觉，但必须承认，我们的家中或多或少都有文化政策的影子。

  有时候，文化政策的存在又是显而易见的。2013年10月的某个周六，作者在家乡利兹的市立美术馆门口就看到了一个非常有意思的场景：美术馆里进进出出的人都拎着一个奇怪的大袋子。那里面装了什么呢？其实是艺术画作。这些人参加了美术馆的"流动的画"计划。当地居民可以从美术馆的藏品中挑选艺术作品带回家中悬挂起来。三个月后，他们需将画作归还给美术馆，并可以重新进行挑选。这一计划已经坚持了五十年。当时正值秋日午后，这样的场景让人不禁心生好奇，更让人联想到，这不是恰好体现了文化政策已经渗透在家庭生活中了吗？这一幕其实还蕴含着一些关于文化政策的线索——接触文化的途径、体验文化的方式以及对文化价值的认识——它们也跟随着市民回到了家中。大量文化调查表明，许多文化活动确实是在家里进行的（详见第二章中调查报告《参与》一段）。不过，"流动的画"这一案例让我们不得不再次正视"高雅文化"和"流行文化"之间的观念冲突（Painter 2002）：尽管《参与》报告的数据显示，超过90%的英国受访者表示观看电视节目是自己最主要的休闲娱乐方式，但观看电视节目和欣赏艺术作品毕竟是两回事，其"文化价值"并不等同。正因如此，"欧洲晴雨表"民调报告只把"观看'文化'节目"定义为一种文化参与行为。当然，这也使得文化活动更加难以界定：既然民调报告将"跳舞"纳入文化活动的核心类别，那么《舞动奇迹》（英国广播公司出品的一档舞蹈类比赛节目——译注）之类的电视节目是否可以称之为文化活动？由此可见，本书虽然没有把家庭这一层级纳入探讨范围，但我们必须承认的是，文化政策在家庭生活中的体现不足为奇：人们可以从电视或广播里了解到文化相关的法规条例，可以从网络上接触到丰富的文化材料，还可以从美术馆借阅艺术作品。

个人层级在地理分析中往往容易被忽视。可以说，现有的文化政策中并没有太多关于这一因素的探讨。但是相当一部分研究已经表明，无论是从提升民族自豪感还是规范人们行为准则的角度来说，文化政策的触角无疑已经延伸到个人层面——包括个人举止、行为方式、主观情感和情绪反应。值得一提的是，托尼·班纳特曾利用福柯理论研究了文化机构对国民的影响。（Tony Bennett 1995, 1998）尽管这里涉及的是博物馆之类的文化机构，我们还是能从中发现个人因素。这是因为人们的日常行为及表现体现了文化政策；反之，文化又会潜移默化地影响人们的日常行为及表现。举例来说，人们只要进了美术馆，举手投足自然就会变得"得体"——包括自己的站姿、欣赏作品的时间、适当的姿势和表情以及弄出的各种动静：我们的身体会自我调节到合适的"美术馆模式"。（把艺术作品带回家欣赏或许是一种反其道而行之的做法吧？）由此可见，个人是文化得以体现的载体。如果这一点无可非议，那么文化政策能够塑造并影响个人也就不足为奇了。

至于社区与地区层级，本书中贯穿了对这两大层级的探讨，因此就不单独展开分析了。"社区"（community）这一要素在本书中数次出现。文化政策研究对此的关注正逐渐消退——尽管文化政策领域中"社区"概念的发展史是非常值得探究的。在文化及文化政策方面，这一要素经常被用来指代不同的含义，但这些表达又缺乏连贯性。在"社区艺术"一词中，它的含义等同于"公众"；在"艺术社区"一词中，它指代一个具体的文化类别；在"欧洲共同体"一词中，它代表了由条约维系而成的国家集合体。另外，本书也数次探讨了"地区"（region）这一要素。这一地理层级概念带来的问题是：它到底适用于哪些情况？从本书第五章和第六章的讨论来看，我们不难发现，对这一因素的思考和定位需要视情况而定。在某些情况下，"地区"是一个次国家性概念，前文提到的奥布莱恩和迈尔斯（O'Brien and Miles 2010）对英格兰北部地区以及艾伦等人（Allen et al. 1998）对英格兰东南地区文化政策的探讨都属于这个范畴。英国政府将艺术管理的权限部分下放给各级地方，这也许正是英国近年来在各地区实行次国家性文化政策的最佳体现。

(Gray 2000)然而，正如本书分别从国家和国际两大层面对欧盟进行探讨一样，"地区"这一概念在某些情况下又是超国家性的。前文提到的"欧洲晴雨表"民调报告也是如此。它既把欧盟作为整个地区进行探讨，也数次对北欧和南欧地区（包括各国间）进行比较分析。另外，前文提到的联合国报告也强调了"南南合作"。这是文化政策领域为应对全球化冲击而提出的又一大跨国性地区议程。综上所述，虽然剔除了多个地理层级，我们依然非常确信，这一分析方法能够为文化政策及其研究领域带来新的视角，让读者能够重新认识这一多元化的领域。

阅读《文化政策》

我们希望读者通过对本书的学习能够进一步了解文化政策并参与其中。因此，本章的最后一部分内容是本书每一章节的内容摘要，以期让读者快速了解本书结构。第二章聚焦于文化政策中"文化"一词的含义。这一章节分析了文化政策一直以来覆盖的文化形式及活动，并由此得出文化政策的范畴。我们也围绕高雅文化和低俗文化、传统文化和流行文化之间的争议展开了讨论。另外，文化研究对文化政策领域存在的争议具有一定的影响力。我们从这一点出发，探讨了一些流行文化或亚文化形式及活动的合法性及相关扶持问题。同时，这一章节还引入了文化产业、创意经济和创意产业等新兴概念，借此探讨不同时期人们对于文化活动的分类和解读。最后，通过对文化资金的讨论，分析了文化消费这一概念是如何形成的，从文化政策的角度又该如何评价这一因素。

第三章旨在从公共政策的角度解读文化政策及其对文化政策分析的意义。这一角度是文化政策研究领域的新兴视角。因此，这一章节梳理了现存的争议并探讨了理论研究与实际应用之间存在的"裂痕"。那么，文化政策应该由谁来制定呢？我们试图解决这一难题——相较之前，这一问题目前显得愈发棘手。对于各政策制定方之间的关系以及如何将相关学术研究真正运用到文化政策中来等问题，这一章节也进行了讨论并梳理了相关政策制定时使用过的研究形式。我们对这类案例——例如英国的地方性文化策略——展开了详细分析，以期呈现出对于文化政策的不同解读方式：它可能是一种文本或者话语，也可能是一种过程性方法或者实践性做法。对于每一种方式，我们都引用了相关研究进行详细说明。通过这一脉络，读者可以了解分析文化政策时所使用的不同方法论。最后，这一章节也提到了政策流动性的问题，包括流动的方式、方向以及原因。

第四章探讨了城市文化政策，并指出过去三十年间，这一层面其实是最能孕育政策创新的层级。城市层面为何会变得如此重要？这一章节对此进行了分析，并探究了各城市政策制定者如何设法将文化纳入一系列政策议题中。这些政策议题都跟经济发展、生活质量、城市品牌建设或振兴息息相关。对于这种对文化的政策性利用，这一章节也分析了其不确定性以及潜在风险，并梳理了现有文化政策的缺陷（尤指试图对文化进行高雅化改造）。同时，本章涉及的内容还有关于对政策干预的抵制以及为城市创造可持续发展的文化生态的尝试。

国民政府，即国家层面显然是文化政策分析中最突出的一环。然而，针对是否对艺术与文化直接进行管理这一点上，各国政府表现出了相对矛盾的心理。这一层面的相关研究已经表明，各民族国家（nation-state）对文化政策的定位不尽相同，有些主张直接干预；有些则态度鲜明地采取适度分权（或"一臂之距"）原则。第五章对这些做法进行了批判性解读，以期形成国家级文化政策手段的不同类型。同时，本章还进行了相关研究梳理，这些研究有些是针对个别国家进行的；有些则是对不同国家的比较。这一章节还探究了各国政府及民族国家对文化的利用，各国政治活动与文化政策之间的相互影响，以及对次国家性与超国家性文化政策的解读。通过世界各国的案例，本章还对民族、国家与文化之间的博弈作出了概述。

世界经济的全球化为文化产品的生产、消费及传播提供了沃土。然而，相关的文化政策并没有跟上这一发展的脚步。第六章探讨了国际性文化政策这一之前并未受到学界关注的话题。其中涉及的内容包括文化贸易、文化外交、多元文化以及文化在经济和社会发展中的作用（尤其是发展中国家）。本章指出，联合国教科文组织、世界知识产权组织、联合国贸易和发展会议等机构是国际性文化政策的重要载体。尽管普通的文化生产者或消费者通常不会过多地关注这些机构的动态，它们的举措实则对文化（以及文化政策）

的大环境有着日益重要的影响力。在本章的最后，我们对全书进行了简短总结并梳理了书中探讨的主要议题。

参考书目和拓展阅读

- Allen, I., Massey, D., Cochrane, A, Charlesworth, J., Court, G., Henry, N. and Sarre, P. (1998) *Rethinking the Region*, London: Routledge.
- Belfiore, E. (2004) 'Auditing culture: the subsidised cultural sector in the New Public Management', *International Journal of Cultural Policy*, 10(2): 183-202.
- Bell D. and Valentine,. (1997) *Consuming Geographies: We are Where we Eat*, London: Routledge.
- Bennett, T. (1995) *The Birth of the Museum: History, Theory, Politics*, London: Routledge.
- —— (1998) *Culture: a Reformer's Science*, London: Sage.
- Bourdieu, P. (1984) *Distinction: a Social Critique of the Judgment of Taste*, Harvard MA: Harvard University Press.
- Cunningham, S. (2009). 'Trojan horse or Rorschach blot? Creative industries discourse around the world'. *International Jounal of Cultural Policy*, 15(4), 375-86.
- Eurobarometer (2013) Cultural Access and Participation, Special Report 399. Available at http://ec.europa.eu/public_opinion/archives/ebs/ebs_399_en.pdf (accessed15/12/13).
- Gray, C. (2000) *The Politics of the Arts in Britain*, Basingstoke: Macmillan.
- —— (2010) 'Analysing cultural policy: incorrigibly plural or ontologically incompatible?' *International Journal of Cultural Policy*, 16(2): 215-30.
- Häring, N. and Douglas, N. (2012) *Economists and the Powerful: Convenient Theories, Distorted Facts, Ample Rewards*, London: Anthem Press.
- Herod, A. (2010) *Scale*, London: Routledge.
- McCann, E. and Ward, K. (2011) 'Urban assemblages: territories, relations, practices, and power', in E. McCann and K. Ward (eds) *Mobile Urbanism: Cities and Policymaking in the Global Age*, Minneapolis MN: University of Minnesota Press.
- Miller, T. and Yudice, G. (2002) *Cultural Policy*, London: Sage.
- Mirowski, P. (2013) *Never Let a Serious Crisis Go to Waste: How Neoliberalism Survived the Financial Meltdown*, London: Verso.
- O'Brien, D. (2013) *Cultural Policy: Management, Value and Modernity in the Creative Industries*, London: Routledge.
- O'Brien, D. and Miles, S. (2010) 'Cultural policy as rhetoric and reality: a comparative analysis of policy making in the peripheral north of England', *Cultural Trends*, 19(1): 3-13.
- Painter, C. (ed.) (2002) *Contemporary Art and the Home*, Oxford: Berg.
- Turner, A, (2012) *Economics after the Crisis: Objectives and Means*, Cambridge MA: MIT Press.
- Turner, G, (2014) 'Culture, politics and the cultural industries: reviving a critical agenda', in K, Oakley and J. O'Connor (eds) *The Routledge Companion to the Cultural Industries*, London: Routledge.
- UNESCO (2013) *The Creative Economy Report: Widening Local Development Pathways*, New York: UNESCO.
- Volkering, M. (2001) 'From Cool Britannia to Hot Nation: "creative industries" policies in Europe, Canada and New Zealand', *Cultural Policy*. 7(3): 437-55.

CHAPTER

**第二章
文化政策中的文化**

The Culture of Cultural Policy

定义"文化"

文化政策的分析者们所面临的第一要务：即需要弄清何种形式的文化才能被文化政策纳入其施政范围，及其原因是什么。但这并非是说，如人们有时所假设的那样，弄清这一问题即是在理解"文化"的涵义。无论是从包揽整个生活这样广义的角度，还是从仅仅指涉艺术活动这一狭义的定义来理解文化，我们都会看到，似乎并非所有的文化活动都能以同样的模式成为文化政策的对象。国家对不同文化形态所采取的互动关系、支持、压制或控制，都具有极高的选择性与偶然性。因此，分析文化政策中的"文化"是如何被确定出来的，正是本章的任务。

目前我们通常所使用的"文化"这一术语，形成于19世纪对文化的两种截然不同的观念：一种定义认为，文化是一系列艺术家的实践活动或艺术作品；而另一种定义则将文化基于人类学的意义系统，将其视作人类社会与自然相分离的标志。正如维多利亚时期的思想家马修·阿诺德（Mathew Arnold）所阐发的那样，在第一种定义中，文化被当作一种理想化的实践活动，是人类能够也应当追求的对象，文化意味着人类的一种更好的自我形态，它确实无疑地帮助我们重新思考、改造我们的世界。阿诺德关于艺术能够使人类文明化的观念，尽管在19世纪60年代就已经发表出来[01]，但其关于艺术与文化的观念，在之后的一个半世纪中仍然不断地影响着文化政策，并且成为了文化政策的基础原则。第二种人类学意义上的文化，囊括了饮食、穿着甚至宗教崇拜等人类的活动方式，在欧洲、北美洲、南美洲的绝大部分区域，以及加拿大与澳大利亚的社会中，通常并不被视作文化政策的施政组成部分。因此从这一层面上看，尽管被当作艺术的事物范围很广，甚至极具争议，但是，文化政策更倾向于将其界定在艺术活动这一涵义之中。

然而，人类学意义上的文化，即将其作为一种人类的生活方式，依然具有影响力。它在"发展"这一语境里,被运用到对南半球国家(原文中Global South一词通常用来指代经济发展水平较低的发展中国家——译注)后殖民社会的考察之中。同时,文化的这一层内涵,在文化研究的影响下,也被作为文化反思的一个组成部分,如同"非物质文化遗产"这一定义所指涉的那样,包括口头传统与语言文字、宗教仪式和精神信仰等,这一系列宽泛的现象都被纳入文化这一范畴,而这些文化现象,都在联合国教科文组织的文化框架协议中被予以确认(见第六章)。在整个20世纪,尤其是从20世纪40年代以来,文化政策的对象,不断地从对狭义的高雅艺术的关注,转移到对更广泛的文化活动的关注中,当然这并非意味着是对"生活方式"的全部覆盖。

如果用生活方式这一宽泛的定义来描述"文化"这一术语,正如诸多学者所指出的那样(Gray 2010; Hesmondhalgh 2005; Looseley 1995; McGuigan 1996),我们将很难知道"文化"这一范畴止于何处,以及"文化之外的一切事物"又从何处而来。因此,用概念分析的方法来考察这一宽泛的定义将困难重重,而从文化政策的角度来考察这一定义则越发复杂,它需要借助大量的人类活动及其对这些活动的理解,形成一套具有清晰界限的分类集合,才能展开政策性的活动。而对于绝大部分人来说,我们对文化政策中文化的界定,正如斯托里所定义的那样,认为其是"一种语境与实践活动,这些活动的首要功能是表征、制造意义,或是成为意义生产的场域。"(Storey 2006: 2)

尽管国家与宗教对"艺术活动"的赞助历史已十分悠久,但对作为文化政策对象的文化的探讨,则兴起于较晚的时期。在第二次世界大战结束后的几年里,一些欧洲国家开始认识到,在最开始国家不仅需要投入源于税收的公共资金以资助文化,还需要阐明国家做这些事情的理由。当英国艺术委员会(British Arts Council)于1946年成立时,经济学家、精神领袖约翰·梅纳德·凯恩斯(John Maynard Keynes)将委员会的任务定义为:

> 鼓励、调节与支持任何由私人或地方倡议组织起来的社会机构,这些机构正致力于一个严肃的目的和缔造一个具有可行性的前景,即有效地为公共娱乐提供戏剧、音乐与绘画艺术。

(Keynes 1982: 368)

雷蒙·威廉姆斯（Raymond Williams [1981b]1989）曾指出，凯恩斯的阐释不仅遗漏了文学，也忽视了电影、摄影、广播与电视艺术。艺术委员会的施政范围（除在少数情况下）对媒体产业的忽视，依然持续至今。但是从另一方面来看，凯恩斯对委员会职责的理解是极具远见的。凯恩斯认为，一旦物质需求得到了满足，那么当人们具有大量机会，以雅适的方式接触传统和当代艺术时，新的工作岗位也将出乎意料地以无法预见的形式涌现出来。（Keynes 1945）

理解和支持不断出现的文化形式，曾是英国艺术委员会早期职责的组成部分，尽管在这方面所取得的成绩可以说是毁誉参半。20世纪40年代以降，对文化政策讨论最多的，是作为艺术的文化与作为生活方式的文化之间的界限。大众文化在何种程度上才能被纳入到文化政策的职权范围，一直是这一领域中讨论的核心问题，而大众文化的范畴，有时被认为已远远超过了传统或精英文化"生活方式"的范围，诸如看电视、泡吧、在"脸书"上发布讯息等活动。

当文化政策试图介入更加广义的艺术活动，尤其是大众文化的形式时，如法国在密特朗执政时期那样，又常常会被指责转向到了人类学意义上对文化的理解（Looseley 1995），尤其是当政策制定者们试图促进文化活动与其他公共政策目标之间的关系之时，或是当政策制定者们通过文化对诸如失业或社群关系等特定社会问题表示关切之时。

最近，一份源自英国南部兰贝斯区府的文件详述了这一观点。《文化福祉：兰贝斯文化发展规划》（*Wellbeing through Culture: Developing a Cultural Commissioning Strategy for Lambeth*，2010）表明了地方政府如何通过其所界定的文化活动促进社会福利的发展，这亦是当前诸多西方国家政府关注的问题。（Stiglitz et al. 2009）在这份文件中，文化一度被界定为"要做的事与要去的地方"，而这些"事情与地方"囊括了酒店、咖啡馆、体育设施与旅游业。（Lambeth 2010: 10）然而，在概念分析或实践的层面上，将文化界定为这样一个宽泛的定义，又是否能够使人满意呢？

从分析的角度来看，在餐厅用餐毫无疑问是一项文化活动。（Beriss and Sutton 2007）我们在餐厅用餐，不只是因为要填饱肚子（尽管可能我们真的饿了），食物的类型、餐厅的服务与合理的用餐行为，都充满了深刻的象征意义。但是，虽然在餐厅用餐不只是为了缓解饥饿，但也不主要是为了追求这些象征意义。然而，当我们以考察餐厅的方式来观察电影院的时候，两者间的差异则十分明显。进食具有多重功能，其中的一种功能是养活我们自己，但是欣赏一部电影的"主要目的，甚至最终目的，则是欣赏电影这件事情本身"。（McGuigan 2004: 23）

然而，当文化政策将文化的艺术形态作为其主要对象时，也在不断地以更加宽泛的活动来诠释文化的范畴，这样做的部分原因在于为了达到更加广泛的（而不仅仅是文化上的）目的。实际上，在最近几十年里，公共政策的制定，愈发地表现出"弱化"的趋势（Bevir and Rhodes 2003），文化政策也不例外。文化活动更多地受到"非文化"政策（例如城市规划、教育和移民政策）的影响，远比我们曾经所认为的"艺术政策"的影响要多得多。这些政策是在经济部长、城市规划师的办公室中制定出来的，是在关于知识产权的贸易谈判和法律磋商中达成的，却并非是由文化部制定出来的。因此，研究文化政策的学生，想要弄清文化政策的发展方向，就应当关注这些领域对文化政策的影响。

不过，正如班纳特所分析的那样，我们不能误认为，较之以前，当下文化政策是被更多的文化决策者所制定出来的，也不能就此误以为，文化或文化政策正变得越来越民主。（Bennett 1998）当文化实践在更多的政策讨论中变得更加重要，文化资产的所有权及其控制权也就变得更加集中。（Hesmondhalgh 2005）尽管政府扩大了被认为是值得资助的文化活动的范围，但是无论其目的是通过欣赏贝多芬的音乐，还是通过兰贝斯的社区媒介来重塑公民素质，政府将某些文化形态纳入政策范围，或是将某些文化形态排斥出政策调整的范围，其依据仍然是高度标准化的。

与之相关的讨论是，文化政策应当在何种程度上促使民众参与到某些特定的活动之中（例如去剧院或音乐厅），又抑或是文化政策应当先调查民众在其闲暇时间做什么，然后再支持这些活动。文化政策制定的起点是否应当是：某些文化活动比其他活动要更加有益于我们？而这正是我们对于文化政策的传统理解。又或者，文化政策的目的仅是丰富我们的文化活动吗？它只需意识到在我们的日常生活中，更可能遇到的是当代流行音乐，而非爵士乐或古典乐？或者，文化政策根本不需要资助特定的文化形态，而只需按照我们的文化消费喜好来进行资助？

精英、通俗以及在两者之间的一切

即便我们认为文化政策的主要调节对象是文化中的艺术形态，仍然无法说明在以往时期，某些艺术活动得到了资助，而另外一些艺术活动得不到的原因。路易斯和米勒为这些艺术活动总结出了一个共同点：他们认为某些活动之所以被纳入到文化政策的施政范围中，是因为"总体而言，它是一种被文化精英所选择和界定的文化，它是为拥有必要文化资本的观众所准备的。"（Lewis and Miller 2003: 3）然而在大多数国家，我们有时所说的"精英"文化或传统文化（例如古典乐、歌剧、芭蕾和博物馆），在公共文化支出中占据绝大部分的比例，通常对其的补贴也与大众对这些文化形式的消费成反比。（Looseley 1995）随着时间的推移，文化政策资助不同艺术形态的理由不尽相同，但尽管如此，令人惊讶的是艺术形态构成的稳固性，甚至大部分被政府资助的文化机构，都没有发生变化。举一个显著的例子，英国最重要的剧院之一——皇家歌剧院（Royal Opera House），从1946年至今，每年都从艺术委员会获得单笔数额最大的艺术机构类资助。

但这并非意味着文化政策在支持其他文化活动（尤其是大众传媒）的过程中，没有发挥过作用。英国最为重要的文化机构——英国广播公司（BBC），正是文化政策的产物，在该公司的存续期间，其通过一种抵押税（hypothecated tax），亦即收视许可费（licence fee）的方式获得了大量的政府资助。诚然，在实践与学术研究中，将文化政策与媒体政策相分离的一个弊端（见第一章），即无法阐释文化政策如何在整体上影响我们的生活，而非仅是一方面谈论艺术政策的影响，另一方面又分开谈论媒体政策的影响。然而，尽管商业媒体行业的增长，在过去一个世纪中已经超过了其他任何的文化形式，不仅反映在经济层面，也反映在文化层面，但文化政策时常首先以一种保护者的姿态来看待自身，它通过资助不受市场导向的精英文化，以对抗大众市场的侵蚀。

雷蒙德·威廉姆斯在1981年撰写的一篇文章中论析了文化政策的四种不同目的：对精英艺术进行政府性资助；政府注资刺激文化经济；对文化市场予以干预；扩展和改变大众文化的发展。（Williams [1981b]1989）

在对欧洲大多数国家，以及如澳大利亚或加拿大国家政策的分析中可以看到：文化政策的前两种目的，即对艺术的赞助和为艺术生产提供一些资助，在大多数情况下，是这些国家文化政策最主要的目的。（Upchurch 2004）对市场予以干预，是"文化产业"政策支持者的观点（见下文），尽管许多人会质疑这种干预在多大程度上是合适的。对于威廉姆斯来说，"扩展和改变大众文化"是"从政府总税收中为艺术筹措资金"的唯一合法理由。值得注意的是，威廉姆斯所谓的"扩展和改变"大众文化，并非单纯指为人们获取这些文化提供资助，他认为应当通过市场行为使大众获得文化。（[1981b]1989: 148）威廉姆斯指出，大众文化与其他形式的文化一样，都可以孕育出伟大的作品，但是这可能需要通过对大众文化的政策干预才能得以实现。因此，威廉姆斯并非单纯赞成当下的大众文化。尽管如此，我们似乎有理由认为，由于大多数人都是通过纳税的方式来支付政府的文化支出的，因此他们可能期望自己所喜欢的文化形式得到资助。

如果说，对文化进行定义是很困难的，那么定义大众文化也绝非易事。我们常常将大众文化（Adorno 1991）与商业文化（Cowen 1998）混淆在一起（此处将阿多诺提出的"mass culture"与本书作者使用的"popular culture"均译为大众文化。但在阿多诺的"文化工业"理论中，"mass culture"指大众被动接受的文化，而"popular culture"意指大众喜爱的、参与其中的文化——译注）。"大众文化"这一术语最明晰的涵义，是指流行的和被绝大多数人所喜爱的事物，然而这只是"大众文化"这一术语涵义中的一部分，我们只需稍加思考就能发现，在大众文化中（尤其是在流行音乐里）那些亚文化形式的重要性，因此，如果只以"大多数人的喜爱"来定义大众文化是不确切的。（Hebdige 1979）

界定大众文化的另一种方法，是将大众文化置于和"其他"文化（高雅文化或传统文化的概念）的比较中，然而，这需要使用某种程度上的去历史化的视角。在今天，莎士比亚与狄更斯都被视作高雅文化的一部分，但他们都被同时代的人视为大众喜闻乐见的艺术家。电影作为一种媒介，在最初与电子游戏相类似，通常被认为是为人们提供娱乐的奇技淫巧，并不具有思想上的启蒙性。但是在整个20世纪的发展历程中，随着"经典电影"（film canon）的涌现，一些作品也获得了艺术上的地位。这些电影有时又被称为小众文艺片（art house films），如塔可夫斯基或黑泽明导演的电影，但有时也包括一些大众流行的经典电影，例如《雨中曲》（Singin' in the Rain）（Wollen 2012）和《惊魂记》（Psycho）。另一种观念是把大众文化看作百姓的文化，或是与传统文化或民间文化紧密联系在一起的，通常被大多数人在日常生活中生产和享用的文化。（MacDonald 2003）正是在这层意义上，威廉姆斯将文化描述为"日常的"。（Williams 1958）

尽管大众文化在某种程度上意味着商业文化的观点已经（并持续）受到质疑，但两者间的紧密关联多年来仍一直被视为质疑大众文化活动受公共资源扶持的理由。这些质疑认为，正常的市场运作机制能够产生足够多的高质量的流行小说、电影、电视节目和流行音乐，因此我们不需要超出市场竞争规则的干预行为。（Cowen 1998）然而在媒体政策中，至少在多数欧洲国家里，其公共广播服务的现状总是对以上这一观点提出鲜明的挑战。英国广播公司是公共资助建立的、英国文化设施的核心，自成立以来，通过诸如新闻、纪录片和儿童节目等形式，致力于大众的文化娱乐。其他机构，尤其是英国艺术委员会以及电影资助机构和遗产组织，在20世纪中叶以来的几十年中，逐渐扩大了各自的资助范围，来支持那些更受大众欢迎的文化活动，尽管这些资助很少是不具争议的。无论是英国国家信托（UK National Trust，一个从事历史住宅、豪华庄园及绿地保护工作的慈善机构）决定购买并保留披头士乐队成员约翰·列侬（John Lennon）和保罗·麦卡特尼（Paul McCartney）的儿时故居，还是英国电影委员会（UK Film Council）资助通俗喜剧，公共文化机构始终在尽力解决如何资助凯恩斯所说的大众文化作品中"无法预见的形式"的问题。

其中一个困难是在无法预见后效的情况下，判断当代大众文化中哪些组成部分值得资助。即使是纯粹以市场导向作为文化生产基础的倡导者们也承认，在任何时期的文化产出中，只有一部分能经受住"时间的考验"。

（Cowen 1998）最为人津津乐道的趣闻是，1941年奥斯卡最佳影片奖的评审中，约翰·福特（John Ford）那部伤感的《青山翠谷》（How Green was My Valley）比《公民凯恩》（Citizen Kane）更受大众喜爱，以及1976年，电影《洛奇》（Rocky）比悉德尼·鲁迈特（Sydney Lumet）的《电视台风云》（Network）更受欢迎。披头士乐队或鲍勃·迪伦（Bob Dylan）的地位也许能够被予以肯定，但他们对当前流行音乐生产的介入却是困难的：必须做出抉择，威廉姆斯所谓的"文化的（自我）选择性惯例"（culture of the selective tradition）有时并不会发生作用。（Williams 1973: 44）

有些人担心国家对大众文化的干预，是一场"弱智化"（dumbing down，原意是"使……通俗易懂"。这里指国家对大众文化的干预，造成了其过度迎合市场和大众的娱乐化，反而使文化丧失了思想性的价值——译注）的运动，简略地说，他们认为所有的"审美判断"，或者说在高雅文化中普遍存在的审美判断，都已被摒弃，大众文化是一种毫无审美判断的文化，人们喜欢"他们自己喜欢的东西"，并且不愿意被别人告诉他们应当喜欢什么。（Jenkins 2012）但是，正如贾斯汀·奥康纳曾指出的那样：

> 那些从事大众文化的人与事物，不停地制造区隔。这种现象总是在时尚圈，在各种各样的"群虻"、团体、圈子、派系、亚文化之中出现。在大众文化的整个范围里，他们都在不断地从事着区隔与排斥的工作。
>
> （Justin O'Connor 2004: 64）

因此，即使在大众文化中也会做出筛选，尽管有时难以确定到底是由谁和根据什么标准做出筛选。作为20世纪70年代的一代人，我们似乎都会被一系列大众传播媒介所迷惑，通过流行的电视节目，这些媒介向我们呈现了一个充斥着罢工、魅惑摇滚与《太空跳跃者》（BBC在上世纪70年代播出的一档儿童科学类节目——译注）的十年（Sandbrook 2012），同时我们也可以回想一下女权主义、同性恋权力运动、反核运动的兴起，以及地下丝绒乐队（活跃于20世纪六七十年代的美国摇滚乐队——译注）的流行。（Beckett 2010）因此，当我们探寻"文化精英"的构成，以及是谁在某一特定的时间节点对文化进行筛选时，我们总是需要保持谨慎。文化精英可以表现为不同的形式和规模，在缔造大众文化的过程中，在决定什么应该而什么不应该获得资助时，市场导向原则或商业精英的影响力，则通常远大于公共部门中的"文化精英"。

因此，将大众文化纳入主流的文化政策中，为政策制定者提出了艰巨的挑战。直至20世纪80年代，人们已经不可能再对"值得被资助的文化是否应当保护其不受市场的影响"这一问题进行争论。商业文化产业的强大力量和大众媒体的发展，能够把大部分的文化形式带到百姓的家中，这意味着对于大多数人来说，文化就是商业文化。如果文化政策要保持其合法地位，就需要找到"适应市场和倚赖市场"的方法来干预文化。（Garnham 1987）

关于文化工业的讨论

"文化工业"这一术语，对于多数人来说，是用来描述重要的媒体和文化部门的首选词汇（Hesmondhalgh 2002），这一术语承载了一系列特定的历史与思维的内涵，在我们将其置于文化政策语境之前，需要对其内涵进行一些梳理。我们往往将"文化工业"一词，与马克思主义哲学家西奥多·阿多诺（Theodore Adorno）和马克斯·霍克海姆（Max Horkheimer）联系在一起，尤其是将该术语与他们的著作《启蒙辩证法》（[1947] 2002）关联起来，此书是他们在纳粹德国时期，流亡美国时写作的。该著作根植于法兰克福学派思想传统，对工业资本主义背景中的文化持有批判（实际上是悲观）的态度。对于阿多诺和霍克海姆来说，曾经能够对社会进行批判的艺术，现在已经彻底地被经济所吞噬，艺术变成了一种产业，它对社会进行批判的任何可能性都已丧失。（Adorno 1991）艺术已经成为资本主义自身的一个组成部分，它不再能期许我们更好的未来。艺术不再是向人们展示不同的社会，而是让我们接受当下的现头。的确，文化产品的增殖可以为消费者提供更多的选择，但实际上，文化工业是一种标准化的生产过程，不同产品间只有细微的差异，"它为所有人准备好一切，因此没有人能够逃离"。（Adorno and Horkheimer [1947]2002: 351）

至少从19世纪中期开始，政治革命与审美变革的联系，现代主义和前卫艺术的关联，就一直是左翼思想的研究重点。对于阿多诺和霍克海姆来说，艺术已经不可能对社会解放做出贡献，这是他们对艺术感到绝望的原因。但是，如奥康纳所说，不能简单地将阿多诺视为一位大众文化的保守的批判家，他让我们注意到了文化产品的工业化进程，在理解文化对于现代资本主义民主国家的作用时，其著作为其他思想家以及政策制定者提供了理解的基础。阿多诺曾质疑文化能否跳出或超越其在经济生产中的作用，以此摆脱其作为一种营利的存在形式。随着时间的推移，这成为一个越来越重要的问题。

阿多诺对文化工业的阐述，与人们战后的忧虑产生了共鸣，尤其是在欧洲，人们对大众的、工业化的或"美国化"的文化的流行产生了担忧（Hoggart 1957），他们希望保护欧洲文化免受这些文化的威胁（参见第六章对此问题的进一步探究）。然而，其他一些对阿多诺和霍克海姆的理论进行反思的学者，例如伯纳德·米格则试图深入反思20世纪60年代以后的政治思想，强调关注那些迄今为止仍被边缘化的群体的权利，以及对日益复杂的工业化文化生产的理解。（Bernard Miege 1989）

如果说20世纪50年代以来，获得公共资助的文化形式的范围得到了拓展，那么从20世纪七八十年代开始，人们对于文化政策应当包含哪些文化形式的看法，则发生了更加剧烈的变化。在整个西欧，由左翼思想占据主导地位的城镇政府都试图制定政策，取消传统的对高雅艺术的常规性资助，转而对艺术政策采取一种更明显的意识形态立场。（Bianchini 1987）这与1968年后的一系列社会运动有关——环境主义、女权主义、同性恋和少数民族激进主义，所有这些运动都与那些被压制的艺术形式与艺术家的再发现这一文化议题有关。通过以上分析可以看到，至少在城市中（如果不是在国家层面上），政策从对传统的高雅艺术的关注，转向了对大众文化某些特殊领域的接受，尤其是对"另类"文化（例如同好杂志、独立电影制片人以及激进的出版商等）的包容。

在这种情况下，首先我们需要认识到，文化的商业化是一个比阿多诺和霍克海姆所设想的更加无序与复杂的过程；其次，需要看到，操纵大众对商品的态度，使人们被动地消费美国大众文化，这种文化欺骗的观念是无法维持的。文化工业并非像其所展现的那样，对商品与市场予以控制即可。文化产品的工业化看似阻挡了其他意义生成的形式，实则敞开了新的意义生成的形式，因为大多数的制造商根本无法预测消费者对文化产品的反应，他们几乎根本不知道"应当"销售什么样的产品。而从电影制片人到流行音乐家等大众文化生成体系中的人们又十分重视自主权，重视表达自己想要传达给公众的信息，以及其自身的政治观点，他们的观点时常与自己的雇主、抑或是电影公司的股东相冲突。

然而，那些试图将文化工业观念引入公共政策的人们，不只满足由市场机制所产生的文化，他们深受威廉姆斯关于应当拓展与改变大众文化这一论点的影响。正如赫斯蒙德夫所指出的那样，"我们的目的不是为商业生产歌功颂德，而是要认识到商业生产在现代文化中的核心地位"。（Hesmondhalgh 2012: 167）例如在法国，人们对其民族文化被"美国化"的担忧由来已久，这导致了密特朗政府在20世纪80年代采取了一系列的措施，包括在影院与电视中定额播放法国电影。法国的文化政策除了有时被批评为简单的文化民族主义之外，其自身也开始认识到"文化与经济之间的关系是辩证的，因而也可能具有积极的价值"。（Looseley 1995: 80）

在英国，这些观念清晰地呈现在1983年至1986年间的伦敦，即通常所说的大伦敦市议会（GLC）通过的"文化产业"战略。这一战略不仅将文化政策的施政范围扩展到了大众文化，并且认为制定此类文化政策的机制也需要改变。在罗宾·穆瑞（Robin Murray）和尼克·加纳姆（Nick Garnham）等人的影响下，大伦敦市议会的工业与就业委员会借鉴了米格在法国制定的政策，为英国文化工业定制了一套方案，打破了对商业文化予以补贴的限制。他们认为，文化政策需要考虑到，大多数人的文化消费方式深受市场影响，因此文化政策应当包括对商业性企业（例如录音室、出版社和杂志，以及商业性的体育机构）予以公共性资助。（Garnham 1990）加纳姆认为，对文化产品市场的所有分析都表明，文化政策应当侧重对资金的分配，包括通过对小型文化企业的受众和市场研究提供资助，促进文化市场的自给自足，并为当前的商业组织提供真正的可供选择的文化商品。通过这种方式，文化不需要市场为其提供保护，但可能需要在市场内部获得支撑，这为我们提供了理解文化的另一种视角，再次重申了文化的核心地位，因而阿多诺对文化的忧虑已不复存在。

与大伦敦市议会制定的众多文化产业政策一样，在广播电视领域，政府只是选择性地对某些频道予以公共资助，政策更多地停留在理念层面，而并未付诸实施。大伦敦市议会在1986年被当时的政府保守派废除，由其制定的大量的文化政策还未予以公布，但是这些政策依然具有很强的影响力。文化行业（尤其是但不仅限于传媒业）具有重要的经济价值，这一观念已在人们的头脑中根深蒂固，这种观念认为文化政策与经济竞争力、经济增长等复杂问题都具有重要的关联。同样地，一些地方的、尤其是城市的文化发展策略，旨在将新建的文化设施与文化行业的经济发展相结合，而这些策略也在世界各地的城市中被复制（参见第五章）。同时，认为在获得资助的高雅文化与商业性的大众文化之间具有一条固定不变的界限的观念，也已受到了严重的削弱。然而，在这些政策的衍变版本中，丧失了文化对市场"批判性介入"的观念，忽略了政府对抗以及有时破坏市场的力量。未来关于文化工业的观念，将呈现出与现在完全不同的政治面貌。

创意产业

和之前考证的术语（"文化""大众文化""艺术"）不同，创意产业这一概念具有一个明确的来源，它形成于1997年英国的创意产业工作组，虽然这一概念极具争议，但却拥有相对清晰的定义：这些产业根植于个体的创造力、技术与才能，其通过对智力资产的增殖与开发，创造财富与就业。（DCMS 2001: 4）

创意产业工作组由英国工党政府成立于1997年，在建立之初，便着手测评与规划13个创意产业部门（参见表2.1）。长期以来，英国及其他区域，一直试图量化文化工业对于经济增长的重要性。（Myerscough 1998）尽管能够容易地对大型商业组织和一些主要的公共文化产业进行数据统计，但实际上，大量的文化生产是由小企业、个体经营者或自由职业者完成的。对于创意产业工作组这样一个新成立的文化机构来说，亟需向其他政府部门，尤其是经济部门（财政部）说明文化机构的重要性，而最为关键的是，创意产业工作组需要证明文化生产的经济力量正变得日益强大。因此,创意产业的理念将文化行业的定义,扩展到了传统艺术和媒体之外,并将文化行业的范围延伸至创意服务领域,如设计、建筑和广告业等。(NESTA 2006)

表2.1 英国创意产业

广告	音乐
建筑	表演艺术
艺术与古玩	出版
手工艺	软件与计算机服务
设计	电视与广播
时尚设计	数码娱乐
电影	

来源:文化体育部

从文化工业到创意产业,其术语的转换并非毫无意义,已有大量的学术论著对此进行了探究。(Garnham 2005; Hesmondhalg 2008; O'Connor 2007)广告和设计等服务行业的加入,显然已经超出了上文所说的文化工业的范畴,在某种程度上,这是一种实用主义的观念,正如极具争议性地将"软件业"纳入创意产业那样。创意产业工作组基于此种观念,扩大了创意产业概念的范畴,并在20世纪90年代末对该产业进行了数据统计。创意产业工作组有力地宣传,在这个被称为"互联网"大爆炸的时代,创意产业的工作岗位产值占据了英国经济近8%的比例,并且更重要的是,它比其他经济行业的增长速度更快。(Oakley 2014)

这有助于建立文化行业与经济增长之间的联系,并且自此以后,几乎每一份有关创意产业的政策文件都以这一联系为基础。(van Heur 2008)此种路径具有全球性的吸引力,正如斯图亚特·坎宁安(Stuart Cunningham)所论断的那样,"即使是最严厉的批评者也会承认,创意产业这一理念在世界的诸多地方,都拥有令人瞩目的适用性。"(Cunningham 2009: 376)在坎宁安看来,这得益于创意产业理念的灵活性,它让由不同阶层、不同政见集团组成的政府在文化中发挥作用,并以此表达他们对经济发展的诉求。的确,创意产业这一术语存在着诸多的变异(当前这一术语的涵义,经常被扩展为令人困惑的"文化和创意产业"),就比如,英国将时尚业纳入创意产业的范

畴，而法国却把博物馆纳入其中。（Newbigin 2010）

从"文化的"到"创意的"这一术语的变化，也具有重要的政治意味，它标志着地方政府直接干预文化行业这一左翼政治思想的衰退，著名的大伦敦市议会就是这一思想的产物。人们基于创意产业的一系列方案，不仅是希望对市场进行干预，也是希望塑造一个新市场，挑战大型商业利益集团在文化产品生产与分配中的主导地位，从而建立一个更广阔、更民主的文化市场。创意产业的路径虽然致力于支持文化产品的生产，尤其是热衷于刺激小微文化企业的发展，但是其对宏观市场结构予以干预的意图明显减少。在新自由主义政治占主导地位的时期，政策主要集中作用于市场的供给层面，并且确实制定了各种干预措施帮助小企业的发展，但这并没有挑战那些曾经主导并仍然统治着文化生产与分配的既得利益集团。

因此，创意产业作为一种理念在全球范围内的成功，在很大程度上应归功于这样一个事实：它回应了现行的政治意图，就像它以经验证据明晰地阐明经济增长的原因那样。创意产业在世界范围内逐步增长，在某些情况下，它比其他经济体增长得更快，特别是在本书写作的时期，我们正处于一个漫长的经济衰退期，但在这些行业中，还有一些更加激动人心的主张尚未得到证实。虽然创意产业在世界范围内的增长十分明显（UNESCO 2013），但在不同国家和地区的文化活动中仍存在着巨大的差异。那些受惠于公共补贴的子行业，尤其是表演艺术与文化遗产，其营收已经出现了紧缩。特别是在欧洲，那些有时被称为"旧"媒体的行业，如报纸、音乐、电影业，其现有的营收正受到不断发展的数字技术的威胁，他们正在努力寻找新的商业模式对抗这种情形。（Doyle 2013）

创意经济还是文化经济？

尽管创意产业模式取得了成功，但是这一术语尚未固定下来，许多其他术语依然与"创意产业"混用。（UNESCO 2013: 19-25）几乎在所有的情况下，这些术语都不是客观的，他们都承载了特定的意识形态，事实上，关于"文化的"还是"创意的"产业的争论，已经延展为关于文化经济还是创意经济的讨论。

"创意经济"一词（目前被联合国教科文组织和其他国际机构所青睐），不仅只是术语上的不同，它还反映了一种意义上的变化。该术语试图表达文化产业对技术革新的影响，以及文化产业对消费者市场塑造的影响，因此这一术语基于更宽泛的经济范畴之中，超越了文化自身的意涵。它对文化行业自身的变化关注较少，而是更加着力于考察这些文化行业的增长如何推动整个经济的发展。有许多不同的思想流派都对文化与整体经济的关系进行了论述，但是对于这种关系是如何运作的，目前还没有一种主流的阐释。

对此有一种有时被称为"文化衍化"理论的阐释，认为文化物已经弥散在各种形式之中，"作为信息、作为通讯、作为品牌商品、作为媒体产品、作为交通与休闲服务，文化物不再是一种例外，他们就是产品的标准"（Lash and Lury 2007: 8），因此，文化物的首要功能不再是文化意义的象征。这样的观念源自社会批判理论传统，它对政策理念的影响要小于商业或经济理论。商业与经济理论试图促进文化与整体经济的关系，而不是对两者进行分析。

另外一些阐释试图将创意与文化行业的关系嵌入其他经济行业之中来考察，这种阐释使用了文化经济学家戴维·索罗斯比（David Throsby）关于文化产业的"同心圆"模型。这种模型将创意艺术作为创意的来源和孵化器，这种理念后来被其他文化产业（例如媒体业）所吸纳接受。（Andari et al.2007; UNESCO 2013）索罗斯比致力于调查研究他所谓的"核心"艺术与更广义的商业文化，在某种程度上，这也是对政府补贴与整体经济之间的关系的考察，而从政策层面上来理解这项研究。他试图将文化与创意产业中的"表现价值"坚决地拓展到那些非文化产品的生产中，例如戴森吸尘器。（Andari et al.2007）

还有一些理论认为"人力资本"是文化市场运转的关键，但实质上在整体经济范围中从事创意工作的人，比其他文化行业的从业者要多。（Higgs et al. 2008; NESTA 2013）设计业通常被视为这一论断的重要支撑，因为在创意产业之外的行业工作的设计师（例如制造业），比在创意产业中（例如设计师事务所）工作的设计师数量要多得多。但是将这一论断拓展到设计业之外则并不让人信服，因为要使人同意这一论断，需要认同城镇规划师、软件工程师和图书馆管理员都是"创意工作者"，然而这种定义方式已经超出了文化职业的合理范畴，因此也容易陷入循环论证中。这些"创意工作"的创意性基础是什么？是因为这些从业者大都从事舞蹈、表演或摄影工作吗？城镇规划并非一种明确的文化活动，那为什么要将其纳入创意工作的范畴之中呢？如果"创意"仅仅意味着"与新的观念打交道"或类似的含义，那为什么要把音乐家而非化学家作为一种创意职业呢？

上述这些讨论的总体思路，是将我们称之为"创意经济"的政策转向广义的政策创新的思考中，而不再对文化与艺术的消费与生产予以关注。正因如此，这重新造成了"文化"与"经济"之间的鸿沟，而文化产业的倡导者们从20世纪80年代开始就试图弥合两者之间的割裂。"创意产业"这一术语的出现，标志着文化对政治批判功能的缺失，并且在这里，这一功能的缺失得到了更进一步的体现。获取经济增长所带来的红利作为一种政策目标不容置喙，因此任何对主流文化持反对态度以及主流社会之外的文化观念，都会遭到坚决的抵制。文化与商业不再像历史上曾出现过的那样，处于紧张和动态的关系中，而是愉快地形成了共谋。

英国国家科技艺术基金会于2013年发布的一份报告试图将创意产业重新定义为"那些专门为商业目的提供创意支持的行业"。（NESTA 2013: 13）这意味着，非商业性的文化生产活动，例如在志愿与公共服务行业里的文化活动，不能够被纳入创意产业的范畴中，因为按照定义，创意产业的目的完全是商业性的，不涉及社会的、政治的或文化的动机。由此，文化政策的首要目的将又回到对艺术予以资助，而创意产业政策将对大部分的大众文化提供资助。任何政策的制定都应当看清文化是如何被市场所建构的。政策最终所需要达到的目的，是防止市场的力量过于强大而扭曲了文化的生产与消费。

正如我们将在第六章中讨论的，尤其是在联合国教科文组织等跨国机构里，"创意经济"的其他条款定义还在被不断地制定出来，而更令人困惑的是，这些定义都被置于"文化经济"的标题下，并且还采用了一种极其不同的定义方案，即这些定义不再着眼于文化的纯粹商业层面。这种思路认为，我们对文化（在最宽泛的人类学意义上使用这一术语）的理解塑造了我们对社会的理解，也包括我们对"经济"的理解。（Amin and Thrift 2004）因此，文化可以帮助我们重新思考我们希望从"经济"中获得什么，无论是简单地想获得商品与服务，还是想获得一套不同的价值体系和隐含着的基本原则。正如克里斯·吉布森（Chris Gibson）所认为的那样，在他看来，文化经济这一术语"与我们当前的迫切需求产生了共鸣，即需要对经济活动的不可持续性进行质疑，我认为，这需要一种广义上的标准化的评价观念，来判断生产与商品化模式的对与错"。（Gibson 2011: 6）

从这个意义上讲，我们可以看到文化产业政策发展的两种截然不同的路径。一种路径是高度关注经济的增长，有人也将此作为一种通行的增长模式。另一种路径强调经济增长所带来的局限性，这也是文化政策和其他任何公共政策制定的目的。保守主义与激进主义、左翼与右翼思想，他们对文化政策采取的对立策略并非是新出现的事物，而只是在不同的历史关头以不同的形式表现出来。与此同时，文化消费在这一时期发生了怎样的变化，以及公共政策在塑造文化消费的过程中应发挥何种作用，等等这些依然存在着巨大的问题。

高雅文化与低俗文化的消费

谁是文化消费的主体以及文化消费发生的条件，一直是文化政策制定者所要考虑的重要问题。"文化产业"政策时刻提醒我们，大多数人的文化消费源自市场而非政府补贴，因此政策需要不断地对文化消费进行扩展并使之民主化，以应对市场的需求。但是，在创意产业/经济的号召下，政策的制定已经从对上述问题的关注，转移到对文化生产与经济增长关系的考察。所以值得思考的是，文化消费在这一时期到底发生了什么？随着文化产业在当前已经由大量的互联网和数字产业构成，他们已经成为经济的一个重要组成部分，那么，政策是否仍需要将文化作为考虑的对象？以及政策所要关注的文化类型是什么？

文化消费的社会分层论认为，广义上的收入、阶级和社会地位与文化消费相关，这一论点已被人们所接受。对这一领域的诸多研究都源于法国社会学家皮埃尔·布迪厄的研究或与其相关。（Pierre Bourdieu 1984）他将文化消费作为他所谓的"文化资本"理论的一个部分进行分析，认为通常在高雅文化中的某些文化品位和知识会成为一种资产，不仅可以用来区分人们的社会地位，还能传递到下一代人身上（例如通过私人音乐课或芭蕾舞课程），这种方法是阶层化社会再生产的关键。与"文化资本"术语的某些用法不同，尤其是在政策文件中，这一术语通常仅意味着所有人都能从中受益的文化知识。在布迪厄的观念中，文化资本是阶级冲突的一种手段，社会中的领导阶级通过特定的文化消费形式保持他们与其他阶级的不同。

　　文化政策制定者们有些虽然并未采纳布迪厄的社会批判理论，但却汲取了该理论中的一些洞见，尤其是对文化知识在代际间传播的观点，以此论证教育（尤其是文化教育）在培养孩童文化消费习惯中的重要性。即使良好的公共教育体系也很难克服儿童在文化参与中的不平等。除去学校的组织参观活动，较之贫困家庭的孩子，中产阶级家庭的孩子会更经常去剧院、博物馆或音乐厅等场所。（Bennett et al. 2009）但是，那些强调学校文化活动在培养文化消费与生产习惯中的重要性的论点，支撑了文化倡导者们从公共教育预算（通常是大额的预算）中游说资金。有证据表明，让学校持续接受文化参与和文化消费活动的熏陶，可以帮助来自所有背景的儿童提高自信和获得更好的沟通技巧。（Bamford 2006）尽管还有一些证据甚至能证明文化熏陶能够带来更好的考试成绩，但世界各地的多数政府仍然只是将文化教育视为全面教育的有益补充，而不是将其作为全面教育的组成部分。

　　同时，布迪厄对于"高雅文化"重要性的论述，以及高雅文化与统治精英阶层相关联的论点，遭到了诸多驳斥，有人认为文化趣味已变得更加多元，并对高雅文化统治精英阶层是否存在表示质疑。（Chan and Goldthorpe 2007）有时被称为"文化杂食者"的理论认为（Peterson and Kern 1996），不同文化消费类型的主要区别存在于文化"杂食者"与文化"纯食者"之间，"杂食者"是指以广泛的文化（范围从歌剧、剧场和博物馆，到流行音乐、电影、电视和电子游戏）为对象的消费者，"纯食者"则是指趣味更局限的文化消费者。这意味着，"文化资本"不再是仅仅基于对贝多芬或莫里哀的了解，更不仅仅是收看电视肥皂剧，而是同时熟知高雅文化和大众文化，能够从阅读流行文学转换到欣赏电子游戏和电视剧的能力。

　　然而，正如迈尔斯和苏利文所言，"文化杂食者"理论虽然具有说服力，但并不意味着不同文化消费形式之间的社会性差异已经消解。也许杂食者和纯食者之间的区别，仍然是社会不平等的一种表现。尽管如今人们普遍对大众文化十分了解，但是对某些文化形式的了解或参与仍然是非常有限的。自2005年以来，英国文化、媒体和体育部（DCMS）及其资助的诸多机构，对每年的文化和体育活动的参与情况进行了调查，研究结果以《参与》（*Taking Part*）为名发表出来，这是一项连续性的调查活动，以英国近30000名成年人为考察样本，并且每季度发布一次资料数据。

这些数据总体来看是积极的，每年英国有近四分之三的成年人至少参观过一处文物古迹，二分之一的人参观过博物馆或画廊，近80%的人参与过某项艺术活动。但是当把这些数据拆解对应到具体的文化形式时，没有参与文化活动人员的数量就变得十分明显。某些文化形式（如舞蹈表演、歌剧、文学节与讨论会）对受访者的吸引量不足5%，手工艺品博览会吸引了大约10%的受访者，而被视为商业性剧院支柱的音乐剧则吸引了大约20%的人群（详见第一章关于文化参与度的讨论）。（DCMS 2012）

这并非是说文化活动不受大众欢迎：90.2%的成年人称看电视是他们的主要休闲活动（甚至比与家人和朋友在一起休闲更受青睐），近80%的人说他们的主要休闲活动是听音乐。（DCMS 2012）然而数据表明，只有极少数人将参与家庭以外的文化活动作为其主要的活动方式，有很大部分人只是临时性地参与到这些活动中，大约四分之一的人根本不参与这些活动。人们也许会问，这些数据对于政策来说有什么重要意义呢？它无非只是说明了人们有着不同的消遣方式，人们试图根据特定的文化品味来区分自己与他人，并通过文化活动分享自己的情绪，与他人建立联系，但是这对于政策来说又有什么意义呢？

然而，对于公共政策与公共开支的各个方面来说，合法性至关重要。研究表明，那些不经常参与文化艺术活动的人，一般说来也希望公共资金被用于文化建设，并且认为即便政府削减开支，但将资金投入文化建设中至少是相对容易完成的目标。除此之外，如果公共政策假定文化是重要的，那么它必须关注文化市场准入规则方面严重的不公平性。更重要的是，对于本章所讨论的话题来说，那种认为高雅文化精英阶层简单地通过公共支出来补贴自身利益的想法，很难再令人信服，但是在文化参与中存在着明显的巨大的不公平性，而公共政策在打击这种不公平性方面，几乎没有做出过什么成效。

　　大众文化与高雅文化之间所谓的"断裂"，并未在公共政策中反映出来。事实上，在前文所讨论的创意经济中，随着其对商业与非商业文化活动差异性的恢复，有可能会进一步加深大众文化与高雅文化的差异，尽管大众文化以其经济活力而著称，但其文化层面的重要性仍然被忽视。因此在规划决策中，小书店和唱片店很少被认为是值得保护的，夜总会可以关闭或改造成公寓，电子游戏根本无法从资助电影的资金中分得一杯羹，大众体育栏目只能在付费电视频道中观看。这些都可以理解为与文化政策相关的事项，因为以上内容都涉及了人们参与文化活动的场所，但是政策制定者们似乎更倾向于将这些问题留给并不起作用的竞争机制来处理。正如我们将看到的，决策者面对的困难之一，是如何处理当代文化生产中的市场权力。这一问题引起了文化产业领域众多研究者的关注，但正如下一段将指出的那样，学术界与文化政策制定者的关系很少是特别紧密的。

文化政策研究

　　作为大学和研究所的一个明确的学科，文化政策研究主要源于文化研究（而非政治学或政策研究），这可以在一定程度上说明，我们所讨论的是文化政策研究与通常意义上的公共政策研究之间的断裂（见第三章）。在文化研究领域，尽管有颇具影响的学术流派主张对文化政策的重要性予以重视，也有学者从不同的理论视角出发研究该问题，但安吉拉·麦克罗比（Angela McRobbie）还是将其称为"文化研究中缺失的议题"。

　　斯图亚特·坎宁安将上述研究思路称为"中间派"或"改革派"，认为这是对文化研究局限性的回应：

> 　　文化研究经典理论中体现出的反资本主义、反消费主义和对亚文化抵抗思潮的浪漫化，已经不能有力地回应如何面对现代西方社会中文化与政治合流这一重大问题。
>
> （Stuart Cunningham 2003: 13）

　　在文化政策研究中，主要争论之一是关于如何定义文化（这也是本章的主题），以及关于这些不同定义的讨论对政策的影响。以托尼·班纳特（Tony Bennett 1992）为代表的观点以文化的工具性或"有用性"为基础，是对福柯治理术思想的生发。第二种观点由吉姆·麦克奎根（Jim McGuigan 1996，2004）阐述得最为清晰，他以文化的交互性思想为基础，是对哈贝马斯公共空间理论的生发。班纳特认为在文化研究中，许多学者所支持的解放政治观念如果没有真正地介入到文化治理的机构与体系中就是无效的。他所认为的使文化研究变得"有用"，是指"对文化领域的从业者予以教育，让知识生产者不再将文化批判作为改变人们意识的工具，而是使他们通过对学术研究的技术性调节以适应政府的部署，从而改变文化的功能"。（Bennett 1992: 406）换言之，介入政策制定的过程，并非意味着学者的堕落，而可能会促成更加开明的文化政策，尤其是在博物馆或音乐厅等文化机构层面上的政策。作为对班纳特研究方法的回应，麦克奎根批判其研究没有与权力结构保持审慎的距离。近来，以上两种观念的对立以另一种形式出现在创意产业的研究中，施莱辛格认为，许多学术团体对创意产业的研究或教学成果，已经沦为"哈利路亚大合唱"，这些学术团体只是附庸赞同创意产业的观念，而没有作为批评者面对这些观念。（Schlesinger 2009）即使对于文化政策的研究者来说，关于他们的"课题"到底应该是什么，很明显也存在着巨大的分歧（第三章将讨论文化政策研究的不同路径）。

　　从定义上来说，学院外的文化政策研究，通常是由政府或准政府机构委托开展的，他们更倾向于"应用"（或是阿多诺的"行政管理"这一术语）的理论传统，但这并不意味着这些研究不对政策的发展予以评判。在对苏格兰文化政策制定权限下放的重要阶段的研究中，斯考利和加西亚发现，批判型和应用型两种不同的政策研究路径所使用的数据类型和调研论据可能是相同的，但使用语境是不同的。简言之，应用型研究处理的是"如何"而非"为什么"的问题。斯考利和加西亚所举的例子，是关于苏格兰文化政策中苏格兰民族主义的问题，他们认为，民族主义的概念在学术界备受检视，但对于文化政策研究来说，这却是一个毫无争议的概念（见第五章）。

　　尽管对文化政策研究的效用和目的存在争议，但随着全球政策不断地将推动创意经济作为其议题，很大程度上带动了学术界与非学术界对文化政策研究兴趣的发展，也增加了研究领域的广度。一般来说，文化政策研究是媒体和文化研究的组成部分，也不断发展成为艺术教育（美术、戏剧、时尚与设计、博物馆研究等领域）以及节日和活动管理研究领域的组成部分。从目前可能与文化政策研究相关的这些学科领域可以看到，文化政策研究从对艺术政策或公共政策的研究，不断地转向对亚文化领域的研究，此外正如本章所述，这一研究必须包含与时俱进的观念，即关于是什么构成了文化政策中对于文化的理解。

结论

界定文化政策的施政范围，对于文化政策制定者和文化政策研究者来说，是最为困难的挑战之一。随着时间的变化，这一范围从主要对高雅艺术的文化影响的关注，转到对各种情感表达和各种娱乐形式等更为广泛的关注中。这一范围也因地理位置的不同而有所差异，即便是创意产业这一国际性的政策理念，在不同的国家也存在着不同的理解，有些国家将时尚或广告纳入创意产业，有些则没有，有些国家将餐饮或旅游作为创意产业，有些则将创意产业主要集中在电子技术产业——这都是由"政治"所决定的。虽然在许多欧洲国家中，对文化予以公共资助的观念已成为相对稳固的政策制定理念，但哪些是"文化"的组成部分，在不同的行政部门有着不同的理解（见第五章）。而在其他情况下，文化政策施政范围的不同，并非是由不同的政治党派的观念造成的，其更多的是由广义上的意识形态的不同所造成的。

所有这些问题都会对我们所看到的"文化"产生影响，这些问题也促使我们思考，为何公共政策会作用于文化，以及公共政策的目的应当是什么。牢记这些将使我们明白，文化政策并非一个简单的行政管理的问题，它不是简单地决定哪些电影应该获得资助或是估算电影业的规模，而是一种处理价值、信仰和先验性等一系列问题的基本方法。

注释

01.通常所说的《文化与无政府主义》（*Culture and Anarchy*）一书，由阿诺德于1867年至1875年间在《康希尔杂志》（*The Cornhill Magazine*）上发表的系列文章结集而成。

参考书目和拓展阅读

- Adorno, T. (1991) *The Culture Industry: Selected Essays on Mass Culture*, London: Routledge.
- Adorno, T. and Horkheimer, M. (1944) *The Culture Industry: Enlightenment as Mass Deception*. Available at www.marxists.org/reference/archive/adorno/1944/culture-industry.htm (accessed 23/11/13).
  —— (1947) *Dialectic of Enlightenment* (*as Dialektik der Aufkldrung*), Amsterdam: Querido Verlag; G. S. Noerr(ed.), E. Jephcott (trans.) (2002), Stantord CA: Stanford University Press.
- Amin, A. and Thrift, N. (eds) (2004) *Cultural Economy: a Reader*, Blackwell: Oxford.
- Andari, R., Bakhshi, H., Hutton, W., O'Keeffe, A. and Schneider, P. (2007) *Staying Ahead: the Economic Performance of the UK's Creative Industries*, London: The Work Foundation.
- Bamford, A. (2006) *The Wow Factor: Global Research Compendium on the Impacts of Arts in Education*, New York: Waxman Munster.
- Beckett, A. (2010) *When the Lights Went Out. What Really Happened to Britain in the Seventies*, London: Faber and Faber.
- Bennett, T. (1992) 'Putting policy into cultural studies', in L. Grosberg, C. Nelso and P. Treichler (eds) *Cultural Studies*, London: Routledge.
  —— (1998) *Culture: a Reformer's Science*, London: Sage.
- Bennett, T., Savage, M., Silva, E., Warde, A., Gayo-Cal, M. and Wright, D. (2009) *Culture, Class, Distinction*, London: Routledge.
- Beriss, D. and Sutton, D. (eds) (2007) *The Restaurants Book: Ethnographies of Where we Eat*, London: Berg.
- Bevir, M. and Rhodes, R. (2003) *Interpreting British Governance*, London: Routledge.
- Bianchini, F. (1987) 'GLC R I P, 1981-1986', *New Formations*, 1: 103-17.
  —— (1993) 'Remaking European cities: the role of cultural policies', in F. Bianchini and M. Parkinson (eds) *Cultural Policy and Urban Regeneration: the West European Experience*. Manchester: Manchester University Press.
- Bourdieu, P. (1984) *Distinction: a Social Critique of the Judgment of Taste*, Cambridge MA: Harvard University Press.
- British Council (2010) *Mapping the Creative industries: a Toolkit*, London: British Council.
- Chan, T. and Goldthorpe, J. (2007) 'The social stratification of cultural consumption: some policy implications of a research project', *Cultural Trends*, 16(4): 373-84.
- Cowen, T. (1998) *In Praise of Commercial Culture*, Cambridge MA: Harvard University Press.
- Cunningham, S. (2003) 'Cultural studies from the viewpoint of cultural policy', in J. Lewis and T. Miller (eds) *Critical Cultural Policy Studies: a Reader*, Oxford: Blackwell.
  —— (2009) 'Trojan Horse or Rorschach Blot? Creative industries discourse around the world', *International Journal of Cultural Policy*, 15(4): 375-86.
- DCMS (2001) *Creative Industries Mapping Document*, London: DCMS.
  —— (2012) *Taking Part 2012/13 Quarter 1 Statistical Release*, London: DCMS.
- Doyle, G. (2013) *Understanding Media Economics*, London: Sage.
- Garnham, N. 1987. 'Concepts of culture: public policy and the cultural industries', *Cultural Studies*, 1(1): 23-37.
  —— (1990) *Capitalism and Communication: Global Culture and the Economics of Information*, London: Sage.
  —— (2005) 'From cultural to creative industries', *International Journal of Cultural Policy*, 11(1): 15-29.

- Gibson, C, (2011) 'Cultural economy: achievements, divergences, future prospects', *Geographical Research*, 50(3): 1-10.
- Gray, C. (2010) 'Analysing cultural policy: incorrigibly plural or ontologically in compatible?' *International Journal of Cultural Policy*, 16(2): 215-30.
- Hebdige, D. (1979) *Subculture: the Meaning of Style*, London: Routledge.
- Hesmondhalgh, D. (2002) *The Cultural Industries*, London: Sage
  —— (2005) 'Media and public policy as cultural policy: the case of the British Labour government', *International Journal of Cultural Policy*, 11(1): 95-108.
  —— (2008) 'Cultural and creative industries' in T. Bennett and J. Frow (eds) *The Sage Handbook of Cultural Analysis*, London: Sage.
  —— (2012) *The Cultural Industries*, third edition, London: Sage.
- Higgs, P., Cunningham, S. and Bakhshi, H. (2008) *Beyond the Creative Industries: Mapping the Creative Economy*. London: NESTA.
- Hoggart, R. (1957) *The Uses of Literacy*, London: Chatto and Windus.
- Jenkins. T. (2012) '"Who are we to decide" Internal challenges to cultural authority in the contestation over human remains in British museums', *Cultural Sociology*, 6(3): 455-70.
- Keynes, J. M. (1982) *The Collected Writings of John Maynard Keynes*, vol. 28 (ed. D. Moggridge), London: Macmillan Press.
- Lambeth (2010) *Wellbeing through Culture: Developing a Cultural Commissioning Strategy for Lambeth*. Available at www.lambeth.gov.uk/NR/rdonlyres/4F898683-75Ao-443A-93AD-8FC2FFA9EF1E/o/ActivateCultivateCreate.pdf (accessed 28/11/13).
- Lash, S. and Lury, C. (2007) *Global Culture Industry: the Mediation of Things*, Cambridge: Polity Press.
- Lewis, J. and Miller, T. (eds) (2003) *Critical Cultural Policy Studies: a Reader*, Oxford: Blackwell.
- Looseley, D. (1995) *The Politics of Fun: Cultural Policy and Debate in Contemporary France*, Oxford: Berg.
- MacDonald, I. (2003) *The People's Music*, London: Pimlico.
- McGuigan, J. (1996) *Culture and the Public Sphere*, London: Routledge.
  —— (2004) *Rethinking Cultural Policy*, Maidenhead: Open University Press.
- McRobbie, A. (1996) 'All the world's a stage, screen or magazine: when culture is the logic of late capitalism', *Media, Culture and Society*, 18(3): 335-42.
- Miege, B. (1989) *The Capitalization of Cultural Production*, New York: International General.
- Miles, A. and Sullivan, A. (2010) *Understanding the Relationship between Taste and Value in Culture and Sport*, London: DCMS.
- Myerscough, J. (1998) *The Economic Importance of the Arts in Great Britain*, London: Policy Studies Institute.
- NESTA (2006) *Creating Growth: How the UK Can Develop World-class Creative Businesses*, London: NESTA.
  —— (2013) *A Manifesto for the Creative Economy*, London: NESTA.
- Newbigin, J. (2010) *The Creative Economy: An Introductory Guide*, London: British Council.
- Oakley, K. (2014) 'Good work? Rethinking cultural entrepreneurship', in C. Bilton and S. Cummings (eds) *The Handbook of Management and Creativity*. London: Edward Elgar.
- O'Connor, J. (2004) '"A special kind of city knowledge": innovative clusters, tacit knowledge and the "Creative City"', *Media International Australia*, 112: 131-40.
  —— (2007) *The Cultural and Creative Industries: a Review of the Literature*, London: Creative Partnerships.

—— (2010) *The Cultural and Creative Industries: A Literature Review*, second edition Creativity, Culture and Education series. London: Creativity Culture and Education.
- Peterson, R. and Kern, R. (1996) 'Changing highbrow taste: from snob to omnivore', *American Sociological Review*, 61(5): 900-7.
- Sandbrook, D. (2012) *Seasons in the Sun: the Battle for Britain 1974-1979*, London: Allen Lane.
- Schlesinger, P. (2009) 'Creativity and experts: New Labour, think tanks and the policy process', *The International Journal of Press/Politics*, 14(1): 3-20.
- Scullion, A. and Garcia, B. (2005) 'What is cultural policy research?' *International Journal of Cultural Policy*, 11(2): 113-27.
- Stiglitiz, J., Sen, A. and Fitoussi, J. (2009) *Report by the Commission on the Measurement of Economic Performance and Social Progress*. Available at www.stiglitz-sen-fitoussi.fr/documents/rapport_anglais.pdf (accessed 01/08/13).
- Storey, J. (2006) *Cultural Theory and Popular Culture: an Introduction*, fourth edition, Harlow: Pearson Education.
- Throsby, D. (2010) *The Economics of Cultural Policy*, Cambridge: Cambridge University Press.
- UNESCO (2013) *The Creative Economy Report: Widening Local Development Pathways*, New York: UNESCO.
- Upchurch, A. (2004) 'John Maynard Keynes, the Bloomsbury group and the origins of the Arts Council movement', *International Journal of Cultural Policy*, 10(2): 203-17.
- van Heur, B. (2008) *Networks of Aesthetic Production and the Urban Political Economy*, unpublished PhD thesis, University of Freien, Berlin.
- Williams, R. (1958) *Culture and Society*, London: Chatto and Windus.
—— (1973) 'Base and superstructure in Marxist cultural theory, *New Left Review*, 82; reprinted in R. Williams (1980), *Culture and Materialism: Selected Essays.*' London: Verso.
—— (1981a) *Culture*, London: Fontana.
—— (1981b) 'Politics and policies: the case of the Arts Council', in *The Arts Council: Politics and Policies*, Arts Council of Great Britain; reprinted in R. Williams (1989), *The Politics of Modernism: Against the New Conformists.* London: Verso.
- Wollen, P. (2012) *Singin' in the Rain*. London: BFI.

CHAPTER

第三章
文化政策中的政策

The Policy of Cultural Policy

在上一章中，我们已完成了对文化的定义与应用的对比；现在是时候将注意力转向题目中的第二个关键词——政策，并问答一个看似简单的问题：何谓文化政策？事实证明，这个问题仅仅是看起来"简单"罢了：与第二章一样，当我们一旦着手寻求关于政策的定义问题，马上便会发现自身深陷困境之中，困扰我们的问题包括：文化政策中的"政策"究竟是什么？当与文化联姻时，它意味着什么？此外，很多相关问题也立马浮出水面，例如：由谁制定文化政策？在大多数地域范围内，它将出于何种意图？又会产生多大影响？（请注意此处意图和影响并不总是同一回事儿。）

让我们从一个简单的回答开始：文化政策是公共政策的一个分支，与文化管理相关。随着有关政策定义工作的展开，我们也瞬间被掷入一条意指链中：什么是公共政策？什么是政策？什么又是公共性？所幸的是，公认的政策研究领域早已在思考这一具体问题，并已发展出一套多样化的手段来探索该问题（具体参考下一章）。凯文·马尔卡希（Kevin Mulcahy 2006: 265）从托马斯·戴伊（Thomas Dye 2005）那里借用了一个简练的定义："公共政策就是政府抉择做什么或不做什么。"他继续解释道，公共政策是"政府活动的总和"。由此而言，文化政策就是政府相关文化活动的总和，或者说，政府在文化领域抉择做什么或不做什么。该观点提醒我们关注政府及其抉择等相关问题，以及马尔卡希（Mulcahy 2006: 268）提出的公共政策"生态的复杂性"（ecological complexity）的问题：文化政策并非孤立于政府在政策/政治等领域（如经济政策、福利政策、社会政策、对外政策以及其他）中的活动和抉择之外而存在。但是重申这一朴素的观点尤为重要，即如我们在本书中所理解和分析的那样，文化政策是一种公共政策，如戴夫·赫斯蒙德夫在相关文化（和媒介）政策研究中所说，"有时它好像已被遗忘……这些是更普遍的公共政策领域。"（Dave Hesmondhalgh 2005: 96）这种遗忘，对文化政策分析的实践以及新兴的跨学科的"文化政策研究"，造成了潜在的严重后果。

回到"政策"的定义上来：如前所述，公共政策就是政府所为。然而，此处的"政府"意指什么？仅仅是指中央政府、法律授权、议会辩论以及部长及中央部委的工作？诚然，它意味着如上所示，却又不仅如此。公共政策应用于从地方到全球的不同的地理范围；同时，文化政策是不具差异性的（因此，我们将在后续章节中关注这些不同的范围）。黛博拉·斯蒂文森等人写道："现在，文化政策是各级政府，也是超国家机构（如欧盟）的职责。"（Deborah Stevenson et al. 2010: 159）他们继续解释，在这些范围之间，有一个密集型网络或"文化线路"（policy circuits）的地图学——文化政策的生态复杂性部分归因于这种多标量的景观。同时，如我们在第四章和第六章中将表明的，在每一范围中，我们都发现了政策存在的具体空位：文化政策不是一个简单的自上而下的层次结构，即中央政府可将政策议程"下放"到区域和地方（有此方面的例证，我们将会在下文中陈述）。这也意味着其关注"谁"的问题，我们将在后文中解决。

因此，文化政策是在不同地域范围里、在与文化相关的领域内，政府抉择做什么或不做什么。当选择做与文化相关的事情时，我们选择做（或不做）的是什么？在此，我们来到了一个主要岔口：一边厢，我们或许会被贴上"为文化制定规则"的标签；另一边厢，我们又可称之为支持或促进文化。就前者而言，可能包括处理审查关系的问题，保护（如保护市场的权力）、所有权（如版权）及其他；后者包括赞助，国家对文化的资助，等等。在实践中，很多文化政策囊括了制定规则与支持促进两个方面的因素，且当下远胜于以往。同时，文化政策也意味着促进文化应用——或如雷蒙德·威廉姆斯（Roymond Willianms）所声称的，文化政策即展示（此外，他还厘清了"文化政策的目的"）。（McGuigan 2004）在政策当中，制规与促进是相互交织的，这就要求地方政府在制定审核和促进当地文化资产发展战略时，践行以上原则（我们将在本章后有所例证）。

上面的论述已使用了某些抽象的、普遍的术语来讨论参与者，包括参与文化决策的政府。即使不同地域有着细微的差别，我们还是在政府的保护之下，将各种不同的参与者聚集在一起。所以此时此刻，我们需要再具体论述：谁实际上制定了政策，以及政策制定的行为需承担什么。

文化的政策制定者

在更广泛的政策分析领域中，关于上述"谁"的问题仍存在相当大的争议。有关权力与感化、系统与互联、实施形式与能力、个体、机构与环境间的相互作用以及信仰与观念等问题被相继提了出来。我们还必须解决结构与主体之间的平衡这一古老的问题。根据保罗·凯尔尼的观点，这意味着"公共政策是很难研究的，（同时）政策程序是复杂的、凌乱的，好像也是不可预测的"。（Paul Cairny 2012: 4）但他也非常温和地补充道："这个方向值得努力。"我们一旦开始阐明"谁"的问题，便进入到了参与者参与（或不参与政策制定）的混乱世界中，其参与行为的确产生了影响（一些是有意为之，另一些则是无意的），这些都包含在一个特定的语境里，以及在观念中的特定结论里。我们也在处理组织结构和文化的问题，以及与政策制定相关的问题，如工作、职业等。当然，我们还在处理政治问题：那些无论是在大写的政治语境中，还是在其他形式的政治语境内的决策问题，如部门间（和个体间）的争斗，对特殊议程或议题的诉求，对赞同的争取以及对优势和资源的争夺。

凯尔尼从专业化和政治化的角度提出了这些参与方式，并讨论了在叙述政策过程的研究中，案例研究和"深度描述"（thick description）所起的作用。（Cairny 2012）他阐释的方法之一是政策周期法，即一项政策的生命周期有五个阶段，分别是：议程设置、政策制定、合法化、实施、评估以及政策的持续、继承与终止。尽管我们对这些完美的模型持怀疑态度，但凯尔尼还是向我们展示了该方法的一个优点，那就是它把政策制定分解为构成成分，而且允许我们考虑在不同时段中不同参与者的角色。在政策周期的每一个阶段中，我们可以确定众多参与者所扮演的角色，包括：政府部长以及其他由选举产生的政治参与者、公务员、官僚与技术专家、半官方机构、智囊团、说客、顾问、学者（有时候承担顾问的角色）、"基层官员"，他们实际上负责在群众中（一位博物馆策展人可能是一个非常好的文化案例）和公共场域中（通过协商的形式进入到政策过程）实施政策。另外，我们还需要考虑地理范围，以及"由上到下"和"由支到干"的方法的相对平衡（即使政府里有一位文化部长，也并非所有的文化政策都来自于他的意志）。最后，我们还要承认文化领域中一个非常重要的角色，其影响力以各种方式使文化政策得以形成。（Pratt 2005）通过我们现在对政策周期的分解、角色名单（即政策制定不同阶段中不同的参与者）与案例研究相结合，这不可避免地引导我们对政策制定者自身进行一些深度描述。

谁制定了地方的文化战略？

我们的案例研究来自于个人化的经验，它曾经历过英国文化政策制定的具体周期。虽然看起来像是一个简单的"自上而下"的故事，即中央政府进行议程设置，然后是地级政府进行实施，但是这个故事却以很复杂的方式展开，它跨越政策领域，在不同的参与者之间穿梭。英国文化政策制定的特殊时间背景被其他背景所掩盖（Gilmore 2004;Gray 2004），而仅是简单地讲述了它"始于"1999年由英国文化、媒体和体育部（DCMS）颁布的议案。这个名为《地方文化战略》（*Local Cultural Strategies*）的议案概述了用以进行文化规划的一种新型的、协调的方法，它要求英国所有的地方当局制定文化政策和行动计划。（DCMS 1999a）其他两个相关议案也应在此提及：一个是《区域文化联合会》（*Regional Cultural Consortiums*）（DCMS 1999b），它是在区域范围内用以连接地方当局的文化规划的方式，增加了联合议程；二是《创造机会》（*Creating Opportunities*）（DCMS 2000），它包含有关地方政策的修订指南。对文化部门而言，该议程代表了一个高水平的征兆，要求全国范围内的地方当局检查、表彰、规划并提供持续的文化机会。很多成熟的战略都已对其展开大张旗鼓的推广（尽管并非全部，然而我们将会看到）。突然间，文化变得尤为明显，并以处理非文化议程为己任。（Gray 2004）一系列活动也为顾问提供了无数机会，他们为地方当局在战略制定过程方面提供服务——这也正是我们的切入点。

彼时，有些事情曾在高等教育机构中发生：学者们被鼓励在校外兼职，并以更具创业精神的方式考虑市场化的专业知识，可以将其以知识产权转移和收入多样化的名义进行兜售。（Selwood 2006）本书两位作者之一的大卫当时正在一个文化研究部门（人文与社科系，该机构反对进入新市场）供职。他与同事一起成立了一家顾问机构——CTU，为其工作地所在的区域服务。

CTU从事创意产业研究以及与文化相关的各种项目的研究；也为地方当局发展文化战略提供服务（同时承担全国性的相关业务）。凭借高学术含量的研究与资历，CTU很快便与地方当局就提供咨询和政策制定等方面的服务达成了协议。（Bell 2007）

需要注意的是，有十几个地方当局为文化战略工作设置了不同的机构。CTU与负责艺术发展、体育娱乐与休闲、经济发展的官员，以及由"文化"投资组合（经常与其他东西组合在一起）的非直选议员一起工作。因此，就"政策制定者"的角色而言，包括中央部长（和公务员，实际上是他们制定了DCMS的文件）、由普选产生的地方官员和（由非直选产生的）不同行业的官员，以及学者和顾问。在他们所负责的不同的工作中，职责不同，投入的程度不同，吸收的额外成员不同，结果自然也不尽相同。

仅举一例：CTU服务的地方是一个富裕之地，并拥有高度"流行"的文化资源；然而，由于（主要是政策原因）备受喜爱的亚文化——滑板运动"被当局排斥"，这种文化资源无法被当下的文化提案所接受。CTU团队在当地一个滑板公园度过了非常难忘的一夜，他们接触到了滑板运动爱好者群体，该群体大都来自不太富裕的周边社区，因使用的公共设施陈旧而倍感边缘化；然而这些爱好者对当地议会视滑板运动为文化财富表示漠然。CTU及时将这些发现凝练成一份完整的议案，地方当局对这份议案很满意，并有意将其纳入到地方文化战略中。然而在当时，选举迫在眉睫，政治风向瞬息万变，一时间，这份议案实际上反映了当地议会在文化政策方面的失败，就像它曾大肆宣传在文化政策方面的成功一样，变得令人生厌。优先考虑小众群体（滑板运动爱好者）的诉求曾经是展现当下文化（以及社会、经济和健康等）议程活力的完美方式；但在那样的政治背景下却显得有点冒险了。议案默默地从大众视野中消失，不再推行。滑板爱好者群体的文化特性并未被最新的、富有包容性的地方战略考虑在内。同时，当选议员看到这份曾被议会要求纳入地方战略之中的议案材料时，便马上把它撤了出来。当地方文化战略被中央政府取消了优先性，转而融入"社区战略"时，类似事情发生，便很快被接纳。

讲述这个故事是为了解决"谁"的问题：在这个案例中，谁是最重要的政策制定者?是颁布了要求每个地方当局制定本地文化战略的基本法的DCMS吗?很显然,它是非常重要的催化剂,没有它,我们不可能见证短暂的文化淘金热。但是除了制定最关键的观念和指导方针之外,DCMS将权责都转交给了各级地方政府。之后在当地,诸多人加入了进来:地方当局的当选议员以此为契机将他们的组合资产推向中心;出于不同动机(有些是逐利的,有些则不是),当地官员(通常无力攫取并处理如此复杂的组合资产)也抓住了这个契机。然而,由于资源匮乏、人员不足,许多地方当局将制定战略的工作外包给了顾问、自由职业者以及"伪学者"(para-academics,意指那些并非在大学里从事纯学术研究的学者——译注)等人。这些制定者也由于受到了特别关注而备受鼓舞(收益的多样化成为了工作的保障形式;关于这点的利弊,参见贝尔的著作)。作为CTU所承担职责的一部分,他们与来自地方当局(这些当局都选择使用由CTU提供的服务)的代表们共同研讨并为他们提供咨询服务(滑板爱好者只是其中一个非常有意思的案例)。在上面的故事中,CTU用咨询人的语言来形成议案文件,这个议案已提交给了凭投资组合而当选的议会官员。在中央政府彻底改变并将所有的地方文化战略变为重中之重的"社区战略"之前,谁将之撤了下来? (Gilmore 2004; Gray 2004)

那么,到底是谁制定(或不制定)文化战略?显而易见,每个人只负责其中的一部分。即使一项战略能继续存在,如CTU曾对其他地方文化战略所做的那样,我们必须把那些让战略得以实施的基层官员,以及对政策进行评估、监督、修订(以完成政策周期的首次运行)的人员加入进来。然后,这种深度描述厘清了谁制定文化政策背后的复杂性。尽管每个案例都各不相同,然而为了理解政策制定及政策制定者"生态的复杂性",我们可以在此挑选一些更具普遍性的案例。就此而言,这导向了用一种更具民族学的或"人类学的"方法来研究政策过程(Shore and Wright 1997; Stevens 2011),而不涉及其他政策制定者参与政策制定时的一系列"告白"故事。(Selwood 2006; Worpole 1998)在此,我们绝不能忽视此项工作中的其他力量。赫斯蒙德夫(Hesmondhalgh 2005: 106)告诫道,不要只强调政策制定的主体,也要考虑外部约束以及"在政策运行时,潜藏于背后的各种力量"——在他的研究案例

中，在新工党执政时期，全球化问题成为了影响英国媒体与文化政策的重要制约因素。（Craik et al 2003）

如上所述，政策分析文献在解释政策制定的各方力量时，要思考（以及再思考）结构与主体的问题，并开发专有观念词汇，以便讨论得更清晰。（Cairney 2012）这导致了一个必然结果可能是一项政策更为复杂的说明，并且理论与方法也被引入其中。正如本章后文所述，在文化政策分析方面，类似趋势是显而易见的。但是此刻，我们对赫斯蒙德夫的观点将信将疑：理解参与者们以各自不同的方式参与政策制定是重要的；然而，也不要忘记许多外在的、结构性的理论影响。唯有将这两种观点结合起来，我们才开始彻底清楚政策制定过程的各个环节与各种要素。此外，我们还将认识到：这种叙事方式很重要，因为政策好像经常如魔法般出现，而无需语境；文化政策如同"黑匣子"，其内部运作很难被认知到。（Nisbett 2013b）

外部力量也呈现多种形式：从多方面进程，如全球化或经济结构调整，到各种不同的地缘政治压力，再到跨越地理和政策环境的"文化基因"的传播。在以上描述中，诚然，经济力量促使政策制定者考虑利用文化来解决许多议题。这一观念的传播亦如此，因为文化可以具有多种用途。稍后，我们讨论政策的依附性与流动性时，将更深入地补充这一论点。以上足以说明外部力量在形成DCMS文件的议程中所起的作用，该文件概述了地方当局应如何策略性地对待文化。接下来，我们开始从"谁"转向"为什么"。

文化政策即对象

在前文中，我们对文化政策的定义略有提及，尽管认为这是与文化相关的公共政策的一部分；但是在定义文化政策时，我们已经将其视为一个相当抽象的概念。上文所述的地方文化战略案例中，我们获得了一项具体政策的某些特征：一份真实的、物质化的文件，以图文并茂的形式存在着。（Gilmore 2004）在此，我们想探讨另一些案例，以对文化政策的形式、身份和"物性"有所了解。这也将引导我们思考"效果"的问题：文化政策是如何生效的？这些"效果"是如何嵌入其形式之中的？之后我们再来考虑学习、研究和分析文化政策的意义。

如果想了解文化政策，我们可以在哪里触摸并感受到它呢？（暂且不谈公共政策日益数字化、非物质化的趋势。）现在回到地方文化战略上来，在CTU的其他工作地，一份定版的、实在的文件产生了——或者更确切地说，两份文件产生了，一份是完整的战略，旨在供议会及其文化机构内部使用；另一份是关于该公文的设计与说明的简短公开摘要，它将文件主要内容归纳成金句与图像。如阿比盖尔·吉尔摩尔（Abigail Gilmore 2004）所言，在地方文化战略中，有很多重复性的主题，其最终产生的方案文件却并不具备这些战略所强调的地方文化的独特性。然而在全国各地，地方战略已形成纸质文件并分发下去。那么，这类文件是政策制定过程简单、物质化的反映，同时也是一份大型文件（支撑着当地文化战略的发展）的精简吗？很难说。公开的文件纪要有不同的议题和受众，至少在某种程度上是有所提升的。与实施计划及其他审查工具相比，现行的地方文化战略通常以更专业化的语言言说，并且解决了文化（以及地方政府）专业人士的内部读者关系问题。因此或许可以这样理解，形式（地方文化战略以非常专业化、技术化的方式形成文件——译注）与受众（以解读文化政策或文化战略为目标的专业人士——译注）通过言说的方式（技术化的语言——译注）进行交互。

正如我们刚才提到的，在政策制定中，这一特殊时刻显示了文化治理术广泛而清晰的转变，它以审查和趋向于循证政策（evidence-based policy）为标志（上文讨论的滑板案例在一定程度上满足这一要求）。如埃莉诺·贝尔菲雷奥（Eleanore Belfiore 2004: 183）所述，这些转变是产生更大思想转变的症候，这种思想的转变也产生了所谓的"新公共管理"（NPM），它是研究公共政策的不同方法，新的"行政管理风格"强调量化、数据收集、评估、目标设定、经济价值、绩效目标以及评估"成功"的一系列新指标。这种变化反映在文化政策文件的形式、内容、表达技巧以及风格等方面。在多数情况下，它（文化政策）已成为了"公共管理专业"的经典案例。当我们的注意力转向关于文化"工具化"的争论时，应当回到为什么公共的（受资助的）文化领域可能成为见证新公共管理运转的问题上来。需要强调的是，由于内外两方面的力量角逐，文化政策已呈现出特定的形式。当我们拿到一份政策文件并试着阅读它时，需要注意其产生的条件。

地方文化战略是一个显著的文化政策案例——如果我们能回避政策与战略在定义与实践方面的区别，同时又能理解它的话。回到定义问题上来：文化政策在什么情况下可以被归类为公共政策？杰洛米·阿赫恩（Jeremy Ahearne 2009）将文化政策分为"显性"和"隐性"两种。地方文化战略例证了文化政策是显性的。而在"隐性"文化政策的领域内，"有人在意想不到的文化副作用与有意识地塑造文化的行动方针之间进行了区隔。"（Ahearne 2009: 144）

对阿赫恩而言，很难确定一份文件是否为文化政策，特别是当它缺乏一个明确的主题时。他补充道，这意味着"文化政策最重要的形式并不总是人们（认为）的形式"。依据这些政策，我们该如何"划分"？它们是我们分析的一部分，还是超出了我们的研究范围？很多研究已经表明，社会福利政策、经济政策以及外交政策等其他政策领域中也可以包含隐性的文化政策。（Nisbert 2013b）克莱夫·格雷（Clive Gray 2004）提出了"政策依附"概念来解释文化如何将自身"依附于"其他公共政策领域。与阿赫恩相呼应，这意味着文化政策并不总是存在于自己的孤岛之中；也不总是存在于那些其职业名称带有"文化"一词的群体之中。此外，政策实施而产生的任何预期结果可能并不会直接影响文化。有时候，我们不得不认真研究政策，以判断它是否也是研究范围内的一部分。

"隐性"的概念也可能把我们引向另一个研究方向。例如，我们可能会问：什么是政策？什么不是政策？政策必须具备哪些特征才能称其为政策？在很多情况下，这可能是特别切题（和复杂）的问题，如同在英国，许多文化政策受到所谓"一臂之距"原则的支配——在文化领域中，英国政府直接下放给各种中介（有时候为半官方）机构某些决策权，并拨出预算供其分配——艺委会就是最著名的案例。（Hewison 1995）

其他国家政府对文化政策采取更多指令性控制，被描述为"建筑师"（通常以法国为例）或"工程师"（以中国为例）。（Gray 2008）我们是否可以说在英国，"一臂之距"原则是民族国家的文化政策，就像我们说美国的文化政策仅限于税收激励计划，因此相比之下更加宽松吗？这样定义文化政策确实过于狭隘，我们应拓展视野去思考管理公共文化的各种机构（例如：

艺委会）。英国政府经常介入文化政策中，比如以通过议会法案的方式。罗伯特·赫维森（Hewison 1995）引用从1753年大英博物馆的诞生，到1927年BBC的建立以及1946年英国艺委会的成立等不同时期的案例。我们在促成这些事件的法案中再次看到了毫不含糊的、明确的文化政策。有时候，个别文化机构（或它们之间的合作）可能在文化制定中占主导地位——梅莉莎·尼斯贝特（Nisbett 2013a）提供了一个由英国主要机构（如大英图书馆、维多利亚和艾尔伯特博物馆等）联合发起的世界收藏计划（the World Collections Programme，简称WCP）的研究案例。在此，通过"一臂之距"原则，各大文化机构共同制定这项文化外交战略，它得到了议会的支持，也受到机构本身的推动。这种讨论引出了（至少是两个）更深的问题。第一个问题涉及文化政策的"外形实体性"或"物性"：我们对政策文件感兴趣，不只是因为文件本身，也因为其效果。在以上的讨论中，我们看到了在博物馆的收藏建设，及其在展览和活动筹备方面的具体成效。文化政策研究也不能只局限于我们所掌握的政策方面的研究。我们还可以参观、享受、观察、思考、陶醉和买卖文化政策所带来的成果。在接下来的章节中我们将讨论研究方法的问题，并重新审视宽泛的研究对象的意义。

其次，从公共机构及其拥有政策制定权的代表（代表们根据"一臂之距"原则选出）的角度来看，我们之前关于谁是文化政策制定者的讨论需要做一些补充。在讨论文化政策制定者的"重叠区域"时，盖尔·韦斯特海姆（Vestheim 2012）强调在政策制定工作中有四个重要群体，分别为：政客、公务员、在文化机构工作的专业人士和职业艺术家。在布尔迪厄式的讨论中，这些参与者占领了与文化政策相关的不同"领域"，也带来了不同的诉求与视野，同时还在文化与政治的重叠区域中进行权力斗争。韦斯特海姆的洞见表明了关于文化政策生态的观点必然是异常复杂的，因此这对研究文化政策的实践构成了挑战。我们有必要重新划分什么是我们研究的恰适对象的边界。在尼斯贝特的研究中，她关注世界收藏计划并对文化机构内部起源的背景故事进行了揭示，这使她能解决文化政策研究中最棘手的问题之———工具论的问题。在这场传统的辩论中，文化政策逐渐解构了"为艺术而艺术"（art for art's sake）的逻辑，这种逻辑已被各种文化应用所取代。（Caust 2003）

政府与文化应用

工具论将是本书中反复出现的一个主题,鉴于这一概念在文化政策中的突出地位(到目前为止,我们必须把文化政策研究的工具论搁置一边)。同格雷的"文化依附"概念一样,我们在此所讨论的是一种变化,强调"文化是为了什么"(以及文化政策是为了什么)。当问及文化政策制定的"正确"(或是"完美")形式时,这意味着一场覆盖整个政策领域的旷日持久的争论。争论涉及文化的生产与消费,以及谁更具优先性的问题,比如:是资助艺术教育"更好",还是资助艺术画廊"更好"?文化会有什么样的"好处"?罗森(Royseng 2008)将此视为文化政策的"仪式逻辑"(ritual logic)——预设了文化可以神奇地使事情(或人)变得"更好",或者让更好的人(或物)变得"越来越好"。从格雷的角度来看,这导致了文化对其他政策优先性的"依附",这样做也忽视了文化的"内在"价值。简言之,文化要求帮助解决被确定为国家行为的优先领域的问题。因此,文化领域可能需要协助政府解决反社会行为、社会排斥、过剩、短缺等社会问题。在文化政策研究中,工具论通常被视为某种自上而下的贯彻实施原则,迫使文化领域承担大问题。然而,尼斯贝特在外交政策的案例中,通过探讨文化机构如何选择将自身置于"非文化"领域的方式,质疑了这一观点(不只她一人对此观点有疑惑)。她的实证材料揭示了其对工具论的非常准确的把握。如其总结:

> 工具论并不被文化机构所拒绝。资金流向将与政治目标相符。政府部门自身也支持并推广了这一原则。所有政策都有望实现某些目标或某些相关目标,并且政策本身就涉及政府,否则将无法称其为政策。

(Nisbett 2013a: 10)

讽刺的是,这些文化领域的代表们只是简单地将新公共管理和新自由主义的逻辑更笼统地内化了(McGuigan 2005),或只是策略性地回应以获得竞争优势。尼斯贝特最后呼吁重新思考工具论,在政策实施过程中赋予文化部门权力和职能,并追踪工具论如何以"自上而下"的方式被用来重新定义文化政策,且也适用于文化部门本身。毕竟,如很多评论者所赞同的,从定义的角度来看，政策是工具化的，因为其目的是实现变革。期望文化政策具有某种程度的不同，似乎是对其如何运作的一种错误理解——同时，也是一种遗忘反映，这种遗忘已被赫斯蒙德夫注意到：文化政策是公共政策，并且从这个意义上讲，它属于一种"常见"而非"特殊"的政策制定领域。（Vestheim 2012）同时，在文化政策研究中，彰显工具论论争的价值，以及理解为什么会出现对政府兜售的某些文化的厌恶是非常重要的。（Wallinger and Warnock 2000）众所周知，众多文化部长已涉足此次论争，无论是支持还是反对文化的工具化应用都会引起争议。（Smith1998; Jowell 2004）

工具论论争引发我们关注另一组在某重叠区域中相交的"场"：许多研究者和分析师把文化政策制定看作研究对象。围绕着文化政策研究，不同的学科以及不同的观念、方法和立场产生了截然不同的定式。那么此刻，我们又要回到"如何"的问题上来了：我们该如何分析文化政策？文化政策研究者的方法论是什么？

文化政策研究

> 文化政策研究存在于很多语境中，它提出各种不同的问题，并从学术话语中采纳更宽泛的研究方法。
>
> （Scullion and Garcia 2005: 113）

可能由于这一特定领域（文化政策研究领域）的不断发展，这个问题——当我们正在进行文化政策研究时，我们研究的是什么——一直很突出。对此问题的解释有喜有忧：有人赞同用跨学科的方法来进行相关文化政策研究；也有人注意到各种方法论应用于文化政策研究时出现的"水土不服"。这个谜题有多条不同的揭示路径：此处我们想考虑两条——首先重点关注不同的学科传统如何塑造文化政策分析方法；其次讨论已选定的、各自代表实践中的不同方法的案例。

人们多少会有些想当然地认为文化政策研究是跨学科研究的对象。因此，它所具有的优点和缺点，似乎皆由跨学科性质所带来：不受自身"规则"的制约，可以任意实验并筛选各种理论方法；但是由于缺乏其自身"规则",它也缺乏共同点以及共同目标感。在某种意义上,这是任何政策研究的症结——社会或福利政策研究好像也如此——因此研究政策总有一个应用于它的要素,尽管它不仅仅是将先在的理论和方法简单地应用于实际案例。大致而言,当应用变成了有用性或有实质性或影响力,并且为了证明在高等教育和学术研究中,人文社科继续存在的必要性时,政策研究者陷入了到底是运用批判方法还是应用方法来研究文化政策的两难之境中,今天可能比以往更加纠结了。这个问题笼罩着文化政策研究,以司谷林和加西亚(Scullionand Garcia 2005:117)的艺术人文方法(art-humanities)与应用研究传统之间的一个分裂点为特征——尽管他们最终建议可能的"第三条路径",或者至少二者处于一种"不稳定"的状态中,即文化政策研究既是批判的亦是应用的。奥利弗·班纳特(Bennett 2004)在其被广泛引用的"相互撕裂"(torn halves)的文化政策研究的讨论也认同这种不稳定,它始于对两本重要却不同的出版物的评论,分别是马克·舒斯特(Mark Schuster)的《理解文化政策的价值》(*Informing Cultural Policy*)与贾斯汀·刘易斯(Justin Lewis)和托比·米勒(Toby Miller)共同编辑的《文化政策批判研究读本》(*Critical Cultural Policy Studies:A Reader*)。班纳特把这两个文本描述为文化政策研究领域的鸿沟,从书名亦能看出其各自所代表的不同立场:实用的vs批判的。这两种立场必然包含不同的方法和观点,此外,他也认为:例如"反规则"理论(跨学科研究文化政策的方法——译注)并没有试着修复二者之间的裂痕,反而让人在"观念的冲突"中看到了活力。(Bennett 2004: 246)

在文化政策研究中,克莱夫·格雷所做的调和是对上述弊病最严格、最全面的诊断,他描述了由于学科多元化而导致"彼此间缺乏了解"的状况。他指出:

> 缺乏了解的主要原因是:未能理解在不同学科内部或之间所采用的分析方法的差异性;未能参阅不同学科的大量文献;以及对不同学科、本体论、认识论和方法论(充其量只是曲解甚或完全错误)的刻板印象。
>
> (Gray 2010: 215)

格雷之论的意义在于他从一般批评转向更深层次的分析，描述了目前与文化政策研究相关的不同学科如何处理必须解决且不可忽视的学科负担的问题。例如，他从二者宽泛的方法论之间发现了三分法：（i）文化政策研究者更喜欢采纳经济学的实证方法；（ii）诠释学操作；（iii）现实主义方法论应用于社会学和政治学中。一些分歧反映了文化的明确定义，这构成了文化政策分析的起点，然后又影响了分析过程的每个环节——甚至最终成果在何处出版，以及谁将阅读它们。对格雷来说，研究需要更明确、更直白地阐明我们使用了什么样的方法论并且为什么要使用它——如他所说，"应用于文化政策研究中明确的方法论意识为理解不同人用不同方法揭示了什么，提供了基础。"（Gray 2020: 225）很明显，这不是为任何一种正统的方法论立言，而是呼吁研究者打开他们的工具包，展示并分享之。梅莉莎·尼斯贝特也提出了类似的观点（Nisbett 2013b: 87），她经常指出分析文化政策文献的研究"省略了经验论的和方法论的细节"。这不是说文化政策研究者从来只是发挥展示与说明的作用，而是说关于方法论的讨论通常被视为背景或无关痛痒的注脚，甚至被全然忽略。更令人沮丧的是，他们已经很难说它在政策分析方面能起到什么作用了。

我们无意重复格雷的学科类型学方法论，而是希望通过一些研究实例来进一步讨论，这些研究对于什么是文化政策以及如何分析它有着不同的看法。鉴于此，我们将研究分为四类，分别是：文化政策研究即话语，即文本，即过程，即实践。众所周知，这并非总是井然有序的分类，但在本体论和认识论意义上，通过解释不同研究者如何描述他们所分析的对象，我们可以深入理解研究设计、来源以及所选的方法：理解内容与方法的联系。

文化政策即话语

格雷将阐释学方法论与文化研究联系了起来，因此对文化政策的探讨作为一种话语形式是至关重要的。在这个意义上，话语是一个简约而共同的框架，用来理解特定知识形式的产物，然后嵌入并渗透到社会和文化的形式与实践之中。在探讨文化政策即一种话语时，我们不禁要问，文化政策的制定是为了什么？它是如何被组织起来以达到特定效果的？谁传播这种理解并通过什么方式来传播？这些问题深埋于文化政策研究之中。（Miller and Yudice 2002）托尼·班纳特试图揭示文化如何成为一种统治形式，以及有关文化用途与价值的观念是怎样融合到现在的文化政策之中的。他在论著中探讨了"话语条件能使19世纪的文化改革者明白，图书馆、博物馆等公共文化机构的价值可能有助于使工人保持清醒和审慎"。（Bennett 1998: 11）换言之，文化（特别是对工薪阶层的）效用是如何形成并"实现"的。鉴于这是一项"复原性"的历史研究，他借用了（文化）史家的研究方法，即运用文献、档案、出版物或保留下来的材料进行研究。具体而言，在文化效用多重性的讨论中，班纳特通过细读重要参与者的话语方式，追踪了该话语方式的融合与转型——这种方法注意到了改变文明效用进程的其他因素，例如用达尔文的进化论来理解不同阶层的行为举止和文明的关系，以及博物馆本身的形式与目的。

另一个突出的文化政策话语的"当代史"案例——流行文化——由大卫·卢斯利提出，他的兴趣是以对比的方式来理解在英法两国截然不同的背景下，与文化政策相关的流行文化。通过跟踪自1945年以来相关流行文化的讨论与政策，卢斯利发现，文化政策的意义总是具有多重性。在描绘流行文化政策的话语价值如何发挥政策的引擎作用时，他挑选了一些断裂点，例如：在确定文化政策课题时，不优先考虑精英观念及其获取问题，以此开创了一条新的研究路径，同班纳特一样，他也充分利用了出版物和政策文献。他还广泛地利用了媒体资源，包括广播和报纸。有趣的是，在这个例子中，卢斯利本身是英国籍，却以法国文化政策研究专家的身份进行写作。最近，在法国文化部的资助下，他还将用法语撰写一部英国文化政策史。（Poirrier 2011）卢斯利描述了如下情形：

> 不得不用法语为说法语的人撰写一部有关英国文化政策的历史，这意味着必须以双重视角来接近这段历史：作为英国人，我拥有英国的艺术经验和政治生活经历；但我也是一位法国文化政策的"旁观者"——至少目前为止可以通过法国这面棱镜，将我自身的经历进行概括。
>
> （Looseley 2011: 365）

这段"告白"值得深思：此处，卢斯利表明他本人不仅是一位研究文化政策的学者，也是一位公民，其研究受制于此身份。他提醒我们，文化政策研究由特殊的人群从事，他们自己的（地理的、专业的和体制的）历史和国别与他们试图寻找的话语交织在一起。卢斯利没有明确阐述他对流行文化的立场，尽管如此，他仍促使我们思考话语与现实生活（包括研究者的生活）的交互性。

文化政策即文本

将文化政策视为文本的方式有很多，我们需梳理出一些差异。首先，为了获得特定政策文本中所包含的意义，可以使用语言的或文学的分析方法。这类文本分析本身所用的方法同批评话语分析（将文本与其背后的话语相连接，研究话语如何以文本的形式表达出来）、符号学和解构（寻找被隐藏的意义）所用的方法一样丰富，也是文化研究领域文本终结理论的主干，因此也被列入了格雷设立的解释学学派之中（必须注意，有许多解释学的文本分析法，例如内容分析，可以涉及在给定文本中量化特定词语、短语或观念出现的频率）。关于不同文本分析法有两个案例可以有效地说明这一点。首先，在文化政策研究的深入讨论中，托比·米勒和乔治·尤迪斯（Yudice 2002）研究了许多文本案例。其中一份是由美国国家艺术基金（NEA）制定的议案——《美国画布》（American Canvas）。他们对这份文件的解读也涉及了一些松散的内容分析，他们指出，"这份近两百页的文件几乎没有任何关于艺术实践或意义的说法"。（Larson 1997: 65）并且，他们的分析集中在《美国画布》谈到的（以合伙方的语言、在城市复兴项目中艺术的价值）或未谈及的方面。这种讨论植根于国家艺术基金的历史语境，以及宽泛的美国文化政策的历史，《美国画布》因此也被视为一种由米勒和尤迪斯标注的、文化的"新政府化"的表现形式，它将文本与话语联系了起来。

第二，作为对英格兰地方文化"战略评估"的一部分，阿比盖尔·吉尔摩尔（Abigail Gilmore）意识到了用这些政策中反复出现的对文化的惯有定义（威廉姆斯式"生活方式"定义最常见的变体），以及处理特定地方文化战略文献的不同研究方法来解决DCMS所描述的战略范围问题。然而，吉尔摩尔不仅将本地文化策略置于文本分析之中，也把它理解为文献、物质对象；并讲述它们的观念、制定和传播的故事。因此，她也考虑了政策制定过程。特别是通过她对"面向公众的"文件的讨论，这些文件承担并解决了公众的需求，而不只是对政策制定方表态。在将政策视为文献方面，她将我们的注意力转向了"物性"——政策实质性的物质形式。公共文献产品被视为"转换"行为——由内在的东西转变成了非常富有煽动性、甚至是令人鼓舞的东西。她举的例子是《歌颂埃塞克斯》(*Celebrating Essex*)，这项公共议案摘要在一场引入注目的会议上以光碟的形式发布。如她所述，地方文化战略的内容、形式及其影响力受制于很多因素，包括向公众展示和传播的方式。不幸的是，吉尔摩尔无法完善自己的分析，因为她无法把重点从生产转移到消费上，也无法找到能够理解战略意涵的公众（如果有的话）。尽管因为历史的原因或实用性的原因，令研究变得困难重重，但这正是文本或文献研究法至关重要的地方。不过，在某种情形下，通过增加分析的维度，参观者进行研究是可能的——它已成为文化政策本身的重要组成部分。

接下来，我们想简单讨论一下政策即为"活的文献"（living documents）（它关涉社会和福利政策，而不仅仅是文化政策），这对思考"政策文献是什么以及有什么功用"等问题提供了额外的、富有成效的研究路径。修纳·亨特探讨了政策的平等性与多元性的问题，令我们特别感兴趣的是，她还试图探索"制定政策文件的过程"与社会心理和情感的关系。她说，"文献改变我们，我们也改变文献，它们构成了群体聚焦的点，也将我们与其他人联系起来"。(Hunter 2008: 508) 在政策制定过程中，通过民族学式的叙述，设定了审查文化和"新公共管理"的语境，亨特把文献视为一种"边界对象"（boundary object，借用行动者网络理论来分析其他相关事物）；也视为一个发挥作用的组织案例——文献是活的，只有在超越了写作行为之后，它们才有自己的生命；它们不再是"确定的"，而是"关联的"。文献如何运作是诸多关联的、汇聚在一起的、甚至分崩离析的节点相连的结果。正如之前关于参与当地文化战略的讨论所示，制定政策的复杂性和世俗性很少导致封闭和隔绝，而是会经常产生意想不到的结果。在很大程度上，公共政策分析师们已表明，这种混乱的现实已有所改观，尤其是当把政策制定视为一个过程的时候。然而，我们想

的是得出方法，而非简单地消除混乱。（Cairney 2012）

文化政策即过程

我们之所以将前文谈及的地方文化战略以及吉尔摩尔的"文化评估"作为讨论之始，因为它们提供了另一个很好的例证。吉尔摩尔将政策过程中的关键步骤界定为：制定政策的指导方针（这种情况源自于DCMS），组建团队并明确责任，确定范围和推进时间表，搜集并（或）试行相关研究与数据，举行咨询和讨论活动，确定拥护者和利益相关者，决定如何组织战略文件及其实施计划，更新日期，公开摘要与发布活动的相关基础构架。在这个故事中，一个相当清晰的过程被概括了出来（它始于DCMS要求地方当局制定战略——其本身就是关于现代化以及参与政府议程、"新公共管理"等更宏大叙事的一部分）。诚然，一个真实的过程并非如此规整，它有可能讲述一个完全不同的故事，也就是说，在政策制定过程中，部门间会因内斗而错失良机，会因互不接触而不分主次进而彼此间缺乏真正的联合。（Gray 2004）

探究政策过程的一种方法是与制定政策的人员进行交谈，去倾听他们对实际发生之事的描述，而不是仅仅从阅读文献中获知——这种方式也被帖上某些"社会心理学"的标签。（Magor and Schlesinger 2009）尼斯贝特在对一项特定政策发展（世界收藏计划）的讨论中，有效地使用了访谈。通过倾听不同的重要参与者对收藏计划的看法，就能对谁做什么以及为什么这样做给出不同的说明。这有助于她展示参与者如何有意识地采纳工具论逻辑，进而重构文化政策中的工具论观点。她写道，由于不同的原因，不同的参与者"操控着"政策。（Nisbett 2013a: 11）在这个案例研究中，访谈材料的丰富性造就了深刻的见解，这是无法从研究世界收藏计划本身"解读"出来的——背景故事将被清理或已然消失。这意味着需要从过程的视野转向与之相反的实践探索，以及格雷总结为"组织、管理和资助"文化的世俗的日常活动。（Gray 2004: 4）通常这要求从尽可能多的视角对方法论进行整合，并对探究对象保持关注。

文化政策即实践

"新千年体验方式"项目试图分析千禧巨蛋(the Millennium Dome,为千禧年庆典而建的场馆)的成功。在这项研究的成果中,我们可以发现它融合了不同的方法,同时还将话语的、文本的、实践的和经验的观点结合起来进行探索研究。在此,我们将关注该项目产生的两本不同的出版物,二者以各自的路径、各自的角度来理解并剖析巨蛋。为了汇编事实和统计数据,我们的研究大量地采用了官方发布的信息,目的是为了"通过可靠的证据来平息争论"。(McGuigan and Gilmore 2001: 41)随着对细节的关注,本次讨论如实准确地展示了巨蛋的故事。对赞助、预算、创造就业机会及其他方面的描述性内容,态度始终是中立和客观的。虽然这看起来仅仅是文化政策的日常实现,但也潜在地解释了巨蛋的成功:它阐明了相关文化项目的公共数据是如何收集起来的——政策制定部门如何成为其对自身研究的主要发起者。

"文化审查"和新公共管理的结果之一是数据和文献的扩散。在文化政策制定中,我们也能从文化部门里识别出这些重要的新方法。早些时候,我们倾向于马克·舒斯特《理解文化政策的价值》中的观点,这本被广泛讨论的书罗列了由他命名的"文化政策研究与信息构架"(即国家统计部门、政府机构和半官方机构、独立的研究机构、网络和私人顾问等)所产生的不同形式的文化数据。麦克圭根和吉尔摩尔围绕着巨蛋的表面价值进行了讨论,并以叙事的形式重新呈现它。同时,从另一个方面而言,官方统计数据被认为受到了威胁(BBC News 2012),因为文化审查和新公共管理的一个副作用是文化数据和统计的扩散。根据以上故事,我们能揭示这种副作用,也可以按此思路"弄清楚"很多文化项目。

然而,麦克圭根和吉尔摩尔不只对数据和事实感兴趣,他们还注重分析巨蛋本身并研究游客体验。他们的方法不仅包含公开的数据,还增加了访谈、巨蛋"内容"的分析、图片以及调查,以一种自我描述性的"全面分析"方式来讲述千禧巨蛋的故事。(McGuigan and Gilmore 2002: 9)这意味着通过所谓的对话的和意识形态的批评方式,他们关注到了更大的话语问题;这在某种程度上也是文本的,探索的不仅是关于巨蛋的文本,也是作为文本的巨蛋,搞清楚由谁"编写"了文本,是为了提供一种与内容相关的阅读。但由于增加了对游客体验的研究，它又增添了一类"读者"，这可能是该研究中最具启发性的部分之一。他们为巨蛋的真正成功而感慨，冲抵了对千禧巨蛋项目的质疑和批评之声。然而，麦克圭根和吉尔摩尔在不同程度的"自反性"上认可游客体验——他们并没有简单地购买官方信息，而是通过自己的方式获知信息，并"接近"巨蛋。由个案研究提供的细节意味着可以以多种形式观察实践。他们于2002年发表的论文的副标题中有这样三个词：发起、意义、访问。这表明对巨蛋的开放性（open-endedness）研究或许比依据官方事实和数据的研究更甚。巨蛋的故事包含了恰当的话语、文本、过程以及实践方法的元素；只有通过全面分析，才可以获得更为全面的认识。当然，政策制定与政策分析的世界是瞬息万变的，我们也必须审视研究新事物以及新的研究路径的界限。我们以这样的转向结束本章。

政策研究中的新动向

我们使用的术语"动向"具有双重意义，现在，让我们转向研究"政策的流动性"。尽管对"政策流动"——政策观念从一个地方传播到另一个地方（Cairney 2012）——一直抱有兴趣，在政策动向中，这种新趣味避开了相对简单的扩散（或转移）模式，而是关注到了政策流动的不同路径。同样有意思的是，它要求研究人员密切关注"政策在实践中组合的地点和条件"以及政策流动起来的实践。（Cochrane and Ward 2012: 9）这样的转变也需要借助新的方法，这便是"流动法"（mobile methods）。鉴于关系地理学的观念——流量和网络、变形与变异，特别是在相关城市政策的运行中，涉及"创意城市政策的病毒式传播"等等（Peck and Theodore 2010: 171; McCann and Ward 2011），可能不必惊奇，地理学家一直处在政策迁移理论的最前沿。移动性再次关注包括"谁是政策制定者"在内的一系列问题，研究人员已经确定了政策旅行家和观光客的随从，或如佩克（Peck）和希欧多尔（Theodore）称他们为"政策传播者或大师"（因为他们要迁移政策，所以他们自己也研究政策的流动性问题）。它还涉及对实践、对政策流动性的世俗化以及日常性事务的关注，如麦卡恩和沃德所述，"想要'接近实践'……就需要对迁移过程、比较研究和代表性战略进行详细描述和'追踪'，并对政策参与者（正是他们使政策制定流动起来，同时也推动了政策知识的全球化路线）进行详细描述和'追踪'。"因此，为了理解政策流动性，麦卡恩和沃德推荐了一些方法，以鼓励研究人员"追随"参与者、政策及其"迁徙"之地。

萨拉·冈萨雷斯在讨论巴塞罗那和毕尔巴鄂如何成为政策迁移地时，为该方法提供了案例。她有意识地选择了"旅行"一词来表明移动的政策制定者的实践与体验以及以休闲娱乐为目的的游客之间的某种共鸣，比如，他们都依赖他域的神话，以及造访他域而产生的转换的神话。她补充说，政策旅行"同其对应物一样，涉及对地域的重新书写，以及对所造访之地的点点滴滴的重新组合。"（Gonzalez 2011: 4）冈萨雷斯与来自世界各地的"旅人"代表以及为政策迁移服务的"当地人"交谈，向他们讲述有关巴塞罗那和毕尔巴鄂文化复兴的"成功故事"。冈萨雷斯的著述所指明的正是政策流动性的实践。根据更宽泛的文化政策定义，这种流动性的典型案例可能就是著名的创意产业政策。（Luckman et al. 2009; Rantisi et al. 2006; Wang 2004）我们将在后面的章节中进一步研究，这种政策的部分去区域化在城市、国家和全球范围内都很重要，在进程中重塑了政策的地域风貌。当政策与政策制定者处于动态时，政策研究者需要活跃于各种使我们的研究对象变形或变异的流动之中。

结论

在本章中，我们的目标是要阐明，在文化政策和文化政策研究中，何谓"政策"：探讨谁制定了政策，政策如何运作，它能做什么，以及如何研究它。很显然，我们的评述是有选择性的，但给出的案例已经解答了这些问题，它提醒我们不要将文化政策视为黑匣子，文化政策是透明的，我们可以看到其内部。研究也是如此：我们需要思考自身如何处理文化政策，文化政策是什么、有什么功效，以及分析它的方法。评论家常常认为，文化政策正处在十字路口——它趋于"成熟"，但同时又保留了跨学科的异质性。而当试图解释文化政策研究的内容时，情况可能会变得更加复杂；但在本章中，我们尝试对该领域中的异质性及其确定的研究对象保持开放态度，同时反复强调一个关键：把文化政策理解为*政策*、理解为对某种观念的处理，以及假设能够产生某种影响的东西是至关重要的——即文化政策是一种实践。在接下来的章节中，我们将具体考察这一实践，通过不同的维度思考文化政策到底是什么。

参考书目和拓展阅读

- Ahearne, J. (2009) 'Cultural policy explicit and implicit: a distinction and some uses', *International Journal of Cultural Policy*, 15(2): 141-53.
- BBC News (2012) 'MPs warn census axing could harm social science'. Available at www.bbc.co.uk/news/uk-politics-19669695 (accessed 01/12/13).
- Belfiore, E. (2004) 'Auditing culture: the subsidised cultural sector and the New Public Management', *International Journal of Cultural Policy*, 10(2): 183-202.
- Bell, D. (2007) 'Fade to grey: some reflections on policy and mundanity', *Environment & Planning A*, 39(3): 541-54.
- Bennett, O. (2004) 'The torn halves of cultural policy research', *International Journal of Cultural Policy*, 10(2): 237-48.
- Bennett, T. (1998) *Culture: a Reformer's Science*, London: Sage.
- Cairney, P. (2012) *Understanding Public Policy: Theories and Issues*, Houndmills: Palgrave.
- Caust, J. (2003) 'Putting the "art" back into arts policymaking: how arts policy has Been "captured" by the economists and the marketers', *International Journal of Cultural Policy*, 9(1): 51-63.
- Cochrane, A. and Ward, K. (2012) 'Researching the geographies of policy mobility: confronting the methodological challenges', *Environment & Planning A*, 44(1): 5-12.
- Craik, J., McAllister, L. and Davis, G. (2003) 'Paradoxes and contradictions in government approaches to contemporary cultural policy: an Australian perspective', *International Journal of Cultural Policy*, 9(1): 17-33.
- DCMS (1999a) *Local Cultural Strategies*, London: DCMS.
  —— (1999b) *Regional Cultural Consortiums*, London, DCMS.
  —— (2000) *Creating Opportunities*, London: DCMS.
  —— (2004) *Guidance on Integrating Cultural and Community Strategies*, London: DCMS.
- Dye, T. (2005) *Understanding Public Policy*, New York: Pearson.
- Gilmore, A. (2004) 'Local cultural strategies: a strategic review', *Cultural Trends*, 13(3): 3-32.
- Gonzalez, S. (2011) 'Bilbao and Barcelona "in motion": how urban regeneration 'models' travel and mutate in the global flows of policy tourism', *Urban Studies*, 48(7): 1397-418.
- Gray, C. (2000) *The Politics of the Arts in Britain*, Basingstoke: Macmillan.
  —— (2004) 'Joining up or tagging on? The arts, cultural planning and the view from below', *Public Policy and Administration*, 19(2): 38-49.
  —— (2008) 'Instrumental policies: causes, consequences, museums and galleries', *Cultural Trends*, 17(4): 209-22.
  —— (2010) 'Analysing cultural policy: incorrigibly plural or ontologically incompatible?' *International Journal of Cultural Policy*, 16(2): 215-30.
- Gray, C. and Wingfield, M. (2011) 'Are governmental culture departments important? An empirical investigation', *International Journal of Cultural Policy*, 17(5): 590-604.
- Hesmondhalgh, D. (2005) 'Media and cultural policy as public policy: the case of the British Labour government', *International Journal of Cultural Policy*, 11(1): 95-109.

- Hewison, R. (1995) *Culture and Consensus: England, Art and Politics since 1945*, London: Methuen.
- Hunter, S. (2008) 'Living documents: a feminist psychosocial approach to the relational politics of policy documentation', *Critical Social Policy*, 28(4): 506-28.
- Jowell, T. (2004) *Government and the Value of Culture*, London: DCMS.
- Larson, G. (1997) *American Canvas*, Washington DC: NEA.
- Lewis, J. and Miller, T. (eds) (2003) *Critical Cultural Policy Studies: A Reader*, London: Sage.
- Looseley, D. (2011) 'Notions of popular culture in cultural policy: a comparative history of France and Britain', *International Journal of Cultural Policy*, 17(4): 365-79.
- Luckman, S., Gibson, C. and Lea, T. (2009) 'Mosquitos in the mix: how transferable is creative city thinking?' *Singapore Journal of Tropical Geography*, 30(1): 70-85.
- Magor, M. and Schlesinger, P. (2009) '"For this relief, much thanks": taxation, film policy and the UK government', *Screen*, 50(3): 299-317.
- McCann, E. and Ward, K. (eds) (2011) *Mobile Urbanism: Cities and Policymaking in the Global Age*, Minneapolis MN: University of Minnesota Press.
- McCann, E. and Ward, K. (2012) 'Assembling urbanism: following policies and "studying through" the sites and situations of policymaking', *Environment & Planning A*, 44(1): 42-51.
- McGuigan, J. (2004) *Rethinking Cultural Policy*, Maidenhead: Open University Press.
- —— (2005) 'Neo-liberalism, culture and policy', *International Journal of Cultural Policy*, 11(3): 229-41.
- McGuigan, J. and Gilmore, A. (2001) 'Figuring out the Dome', *Cultural Trends*, 39: 39-83.
- —— (2002) 'The Millennium Dome: sponsoring, meaning and visiting', *International Journal of Cultural Policy*, 8(1): 1-20.
- Miller, T. and Yudice, G. (2002) *Cultural Policy*, London: Sage.
- Mulcahy, K. (2006) 'Cultural policy', in B. Peters and J. Pierre (eds) *Handbook of Public Policy*, London: Sage.
- Nisbett, M. (2013a) 'New perspectives on instrumentalism: an empirical study of cultural diplomacy', *International Journal of Cultural Policy*, 19(5): 557-75.
- —— (2013b) 'Protection, survival and growth: an analysis of international policy documents', *International Journal of Cultural Policy*, 19(1): 84-102.
- Peck, /. and Theodore, N. (2010) 'Mobilizing policy: models, methods, and mutations', *Geoforum*, 41(2): 169-74,
- Poirrier, P. (ed.) (2011) *La Culture Comme Politique Publique: essais d' histoire compare*, Paris: Documentation Francaise.
- Pratt, A. (2005) 'Cultural industries and public policy: an oxymoron?' *International Journal of Cultural Policy*, 11(1): 31-44.
- Rantisi, N., Leslie, D. and Christopherson, S. (2006) 'Placing the creative economy: scale, politics, and the material', *Environment and Planning A*, 38(10): 1789-97.
- Royseng, S. (2008) 'The ritual logic of cultural policy', paper presented at the Fifth International Conference on Cultural Policy Research, Istanbul, 20-24 August. Available via www2.warwick.ac.uk (accessed o1/12/13).
- Schuster, J. M. (2002) Informing Cultural Policy: the Research and Information Infrastructure, Brunswick NJ: Center for Urban Policy Research, SUNJ.
- Scullion, A. and Garcia, B. (2005) 'What is cultural policy research?' *International Journal of Cultural Policy*, 11(2): 113-27.
- Selwood, S. (2006) 'A part to play? The academic contribution to the development of cultural

policy in England', *International Journal of Cultural Policy*, 12(1): 37-53.
· Shore, C. and Wright, S. (eds) (1997) *Anthropology of Policy: Perspectives on Governance and Power*, London: Routledge.
· Smith, C. (1998) *Creative Britain*, London: Faber& Faber.
· Stevens, A. (2011) 'Telling policy stories: an ethnographic study of the use of evidence in policy-making in the UK', *Journal of Social Policy,* 40(2): 237-55.
· Stevenson, D., McKay, K. and Rowe, D. (2010) 'Tracing British cultural policy domains: contexts, collaborations and constituencies', *International Journal of Cultural Policy*, 16(2): 159-72.
· Vestheim, G. (2012) 'Cultural policy-making: negotiations in an overlapping zone between culture, politics and money', *International Journal of Cultural Policy*, 18(5): 530-44.
· Wallinger, M. and Warnock, M. (2000) (eds) *Art for All? Their Policies and Our Culture*, London: PEER.
· Wang, J. (2004) 'The global reach of a new discourse: how far can "creative industries" travel?' *International Journal of Cultural Studies*, 7(1): 9-19.
· Williams, R. (1984) 'State, culture and beyond', in L. Apignanesi(ed.) *Culture and the State*, London: ICA.
· worpole, K. (1998) 'Think-tanks, consultancies and urban policy in the UK', *International Journal of Urban and Regional Research*, 22(1): 147-55.

第四章
城市文化政策

Urban Cultural Policy

各级政府都在推行文化政策，这其中涵盖了包括联合国在内的超国家组织以及各类地方与地区。不过在过去三十多年间，城市才是最能推动文化政策发展的沃土。本章对此现象进行了探讨，并细数了城市发展及推行文化政策的方式，由此总结了城市文化政策领域的经验。这一领域目前已受到各国研究者的关注。

首先来思考一个问题：什么是城市？这听上去有点儿不可思议。细想一下，城市就是人们常说的音乐厅、博物馆、夜总会和电影院鳞次栉比的"市中心"吗？还是文化特色迥异的某些街区？又或者是我们生活与工作的地方？城市是否包括郊区或小城镇呢？它是否单指一些具有鲜明文化烙印的特定文化中心？

这是文化政策研究者和政策制定者都绕不开的话题。可以说到目前为止，大多数城市文化政策研究都聚焦大型城市，尤其是一些所谓的"国际大都会"。（Sassen 2006）这一点在彼得·霍尔的《文明中的城市》一书中得到了有力的论证。这一巨著问世于1998年，霍尔对古代的雅典到现代化的洛杉矶进行了历史的梳理，试图找出城市、人的创造力以及创新这三者之间的联系。他认为，城市是创造力与创新的驱动力。这并非只是因为城市具有一定规模、财富或政治权力——虽然这些都必不可少——城市的开放性才是决定因素：拥抱新思想、接纳新移民、包容不同的生活方式。霍尔借此回答了他在书中提出的极富争议的话题："为什么创新的潮流只在城市中兴起？这一趋势为何没有蔓延到乡村？"（Hall 1998: 3）

近年来，有些学者试图反驳这一观点。越来越多的文化研究不再专注于城市范围：其研究重心转向了郊区、小城镇以及乡村地区。（Bell 2014; Bell and Jayne 2010; Luckman 2012; Thomas et al. 2013; Waitt and Gibson 2009）从一定程度上来说，是文化政策过度集中于城市层面造成了这一现象。同时，这也使得相当一部分社区以及各类文化活动被边缘化，而另一些则被弘扬光大。城市文化政策中的一些问题——尤其是文化发展与高雅化改造的关系——在大城市尤为突出。本章将逐一探讨这些问题。越来越多的迹象表明，考虑到住房成本这一因素，大城市的社会不公现象相较于小城市而言其实更为严重。(Stolarick and Currid-Halkett 2013) 形形色色的艺术家与文化生产者都将受到这一现象的影响。

城市里鱼龙混杂，这是显而易见的；撇开各种城市品牌化的做法不谈，我们很难用只言片语去概括它。正如后文将讨论的"民族"概念（见第五章），不同的城市呈现自我的方式迥异，因此城市也可以称之为"想象的共同体"（imagined communities）。克拉克和希尔文提到了芝加哥的转型案例。(Clark and Silver 2013: 28) 芝加哥已经由一个"蓝领及本地人聚居地"转型为聚焦于艺术、娱乐以及城市环境等公共产品的城市。不过，这一转型其实并不完全。城市中很容易滋生文化冲突；这一点将在本章得到印证。关于身份认同、土地归属以及情感流露的争论不时上演。从城市层面上来说，这些争论尤为激烈。文化政策中存在着大量争议性问题，而大多数问题其本质都属于城市层面。

探究城市

作为文化活动及文化政策制定的中心，城市的地位看似毋庸置疑，其实不然。戈登和希尔文认为城市文化政策尚属新兴概念，这一概念出现于三十多年前。在此之前，文化主要属于国家性事务。城市文化政策的崭露头角，其背景是席卷全球的"知识型经济"浪潮。商业与消费性服务成为了城市经济的中坚力量，文化领域的就业率也随之上升。基于以上背景，戈登和希尔文认为：

> 人力资本密集的行业快速发展，全球很多城市都紧跟这一步伐，出台了一系列政策方案。这些政策方案均以反对政府管制的新自由主义以及私有化趋势为导向。相较于传统的渐进式目标，这些新的政策目标延伸到了城市化发展的方方面面，旨在实现多元化、包容性、一定的生活质量以及可持续发展。

(Grodach and Silver 2013: 3)

不过，这一进程并非必然。二战以后，以美国及欧洲部分国家为代表的一些国家的城市出现了一系列社会经济难题：犯罪问题、住房紧张以及社会服务部门负担过重。（MacLennan and Norman 2004）正是在这一背景下，不同城市之间甚至有些城市的内部开始出现差异化。部分经济领域飞速发展，就业机会大涨。（Massey 2007）反之，这一趋势导致的后果是：随着人口的迁移，富人阶级开始从城中搬到郊区、小镇甚至乡村，一些城市的内城区聚集了大量的贫困人口。

人们过去普遍认为在很长一段时期内，城市将会经历衰败。居住在城市里的就业者——往往受过更好的教育，流动性也更大——有可能会向郊区迁移。数字技术的发展被认为将会助长这一现象。从地理分布上来看，人口将会更加分散；远程办公的时代即将到来。（Cairncross 1997; Coyle 1997）人们一度认为，身处何地已经没有那么重要。

然而事实并非如此。作为全世界范围内现代化发展的标志，城市化进程正以前所未有的速度席卷全球。全球的大多数人口依然生活在城市中。（United Nations 2011）决策者们并没有认识到的一点是，城市通常被誉为孕育对策的摇篮，而非滋生问题的源头。英国政府曾在一份报告中指出："我们的城市已经重振旗鼓：具有竞争力的城市会带来地区的繁荣以及社区的可持续发展。"（ODPM 2004: 1）

如果说对于政策制定而言，城市的作用日益凸显，那么文化对于城市亦是如此。这一说法其实并不新鲜。空间布局与经济活动的关联早已为人所知。早在19世纪，阿尔弗雷德·马歇尔在描述钢铁制造业（而非其他产业）时，就曾首度提出"工业区"这一概念。（Marshall 1925）不过，这并非意味着地理位置与文化二者之间的关系仅限于经济生产活动。寻求新生活的人们一向将城市视为容身之处；中世纪的德国就有句谚语："城市的空气使你自由。"在19世纪的巴黎，"波西米亚"生活方式的兴起见证了一大批艺术家和知识分子聚居于巴黎的拉丁区与蒙帕纳斯地区。这种生活方式被认为与主流文化背道而驰，是一种反主流文化的形式。（Hall 1998）这一类地区对于移民与难民来说也极富吸引力。伦敦东区（London's East End）就曾聚集了许多为躲避宗教迫害而离开法国的胡格诺派教徒。现在，那里已成为了犹太

人、孟加拉裔与波兰裔移民聚居的地区，同时也是艺术家与手工艺人的暂居之地。（Oakley and Pratt 2010）

一直以来，城市也蕴藏了璀璨的文化瑰宝——比如哥特式教堂以及当代艺术画廊。德国或意大利这样的欧洲国家拥有一些古城遗产。这些古城在历史上曾建立自治政权。时至今日，其城市风貌依然可见；锡耶纳、阿维尼翁或海德堡均是典型代表。至于那些历史更为悠久的文明，其古城风貌也依稀可见。这些城市如今依然存在，比如大马士革与开罗。尽管一些乡村别墅、庄园以及教堂中也有大量的艺术收藏，全球的各大城市依然汇集了大多数的"民族"艺术品。这是非常值得自豪的一点。

因此，文化活动汇聚于大都市这一点并非毫无道理；支撑这些文化活动的"基础条件"确实与城市密不可分。从广义上来说，推动文化业蓬勃发展的元素都属于城市的文化资产：这既包括对于某一城市的身份认同感，也涵盖了城市中的唱片店、林林总总的活动场馆、图书馆与书店、博物馆与画廊、公园与公共空间、学校与综合性大学、学生与咖啡馆。

近几十年来，经济一直是文化投资进入城市的主要驱动力：文化业被视为就业与经济增长之源；它使得城市对于外来投资者、就业者以及游客更具吸引力。文化投资的另一大依据在于文化能够提高生活质量，促进社会稳定。这一点在城市文化政策中被频频提及，但始终未成为制定这类文化政策的驱动力。不过，有些政策有时会忽略其他标准，或者干脆倡导干预手段——这会破坏城市文化赖以生存的敏感的生态系统。这样一来我们会发现，这些原本旨在通过发展城市文化来积累经济财富的政策就产生了一些问题。因此，冲突时有发生。举例来说，文化消费空间的蓬勃发展会使文化生产者无法继续负担原有的租金。从一个更广的视角来看，一些遵循"创意"发展路径的城市中，其社会不公现象已经较为显著。（Florida 2013）

这些因素错综复杂，而又休戚相关。对于政策制定者来说，经过深思熟虑的文化政策鲜少会出错。这些冲突更多的是其他政策的产物：教育政策、交通政策、规划与许可法规、移民与住房政策、慈善工作以及商业化压力交织在一起，这其中又涉及各种公有及私有的文化财产。戈登和希尔文（Grodach and Silver 2013）认为这一局面太过错综复杂，以至于政策制定者往往望而却步，在制定城市文化政策时退而采取"常规"模式。他们通常会借鉴一套相似的政治见解及政策手段。下面将列举一些城市文化政策制定中常见的干预手段。

城市文化政策

标志性的文化建设与振兴

如果我们把文化与城市放在同一范畴内进行讨论，很多人脑海中首先联想到的画面会是位于西班牙北部的毕尔巴鄂古根海姆博物馆（Guggenheim Museum）。它由弗兰克·盖里（Frank Gehry）设计，其外形呈波浪状，令人叹为观止。毕尔巴鄂古根海姆博物馆于1997年向公众开放。尽管全球已有一些标志性文化项目，它却在当时成为了"以文化为导向的城市振兴"的代表作。这一方案非常独特，极具影响力。值得一提的是，它的出现为原本没落的工业城市注入了巨额的公共投资，同时也带来了一位举世闻名的建筑师、一座标志性的建筑以及一次"高雅文化"的机遇。这一城市振兴方案为其他城市所仿效，同时也引起了强烈的反响。

加西亚在研究中指出，1992年举行的巴塞罗那奥运会与塞维利亚世博会都在20世纪90年代为西班牙带来了极大的城市复苏。（García 2004）这都要归功于这些标志性的广受公众瞩目的资本项目。毕尔巴鄂古根海姆博物馆——作为一道衰败的后工业化城市中的文化符号——也是典型案例。它为毕尔巴鄂市带来了一系列重大的基础设施建设项目，这其中尤以诺曼·福斯特（Norman Foster）设计的高质量地铁系统最为著名。加西亚认为这些项目的短期效益非常可观：城市形象在全球大为改观，这也带来了旅游业的大幅发展。1994年至2000年，该城市的境外游客数量上升了42.7%，而西班牙本国游客的涨幅更是高达58%。

不过近年来，很多人开始质疑这类举世瞩目的项目是否具有可持续性。二十多年前，大卫·哈维就曾认为：撇开高成本不谈，这类标志性项目其实比较容易被各地仿效。"因此，这使得城市体系中的任何竞争优势都会稍纵即逝"。（Harvey [1989a] 2000: 361）就毕尔巴鄂的例子而言，其城市形象可以说是得到了持续改善，但旅游业的大幅增长只是暂时的。虽然一系列城市振兴项目开始投入，但除了旅游业之外，其他方面的经济效益可谓微乎其微。对于古根海姆博物馆的大规模投资——据估计高达1.44亿欧元——其实也见证了博物馆所在的"热门"区域与周边区域已形成鲜明对比。杨淑爱（Brenda Yeoh）指出在东南亚地区，类似的问题也在上演。她认为，"文化想象创意（cultural imagineering）、城市大型项目以及标志性建筑等"各类城市振兴项目的地理布局其实更为密集。这些想要参与全球化进程的城市与其他城市的差距就此拉大。"那些还处于底层的城市其实已经在这一轮全球资本积累中被淘汰出局。"（Yeoh 2005: 955）

从某种程度上来说，由于这些大型项目的服务对象往往来自于全国甚至全世界范围，当地居民以及文化生产者对于这类项目通常抱有非常复杂的情感。格雷姆·埃文斯就曾指出，标志性文化项目与当地的文化产业之间缺乏关联。（Graeme Evans 2004）这是此类项目的通病，毕尔巴鄂并不是个例。实际上，他的观点与其他学者一脉相承。（Hannigan 1998; Kong 2012）他们都认为这些标志性项目的建设通常是以本地乃至地区性文化发展的滞后为代价的。这些资金原本可以用来投入本地的文化产业发展。

不过，毕尔巴鄂的成功有目共睹，这使得其他一些城市开始纷纷效仿。（Gonzalez 2011）20世纪90年代，全球已经涌现出一大批建筑师事务所，当然也包括像弗兰克·盖里这样的"明星设计师"。不过，其他城市争相效仿的关键因素还是在于这些标志性建筑能够打造出独特的文化"品牌"。值得一提的是，当时的古根海姆基金会在前馆长托马斯·克伦斯（Thomas Krens）的领导下开始了一轮全球性的扩张。除了扩大其在纽约与威尼斯的机构规模外，该基金会还规划在中国、墨西哥、巴西以及阿联酋等地开设新的博物馆。然而，紧张的资金状况交织着来自地方上的压力以及机构的过度干预。这些因素导致很多项目最终停滞。古根海姆基金会原本计划在里约热内卢设立分馆，并由法国建筑师让·努维尔（Jean Nouvel）进行设计。该计划在受到了一系列法律指控后最终落空。当地政府同意向古根海姆基金会支付长达十年的费用，反对者因此指责当局的做法是越权行为。（Yudice 2009）同时，在一些地区设立分馆的计划也不了了之。（Ponzini 2013）

古根海姆博物馆的扩张并不顺利；与此同时，大型的建筑项目自2008年全球金融危机以来便遭遇了寒冬。尽管如此，这种方式在城市文化政策中依然占有一席之地。位于阿联酋首都的阿布扎比萨迪亚特岛的文化建设涵盖了许多标志性项目：让·努维尔的卢浮宫阿布扎比分馆、扎哈·哈迪（Zahia Hadid）的表演艺术中心、安藤忠雄（Tadao Ando）的海事博物馆以及诺曼·福斯特的扎耶德国家博物馆等。萨迪亚特岛可谓是建设标志性文化项目这一方式的典范，但同时也暴露了许多问题。相较于毕尔巴鄂的案例，萨迪亚特岛的建设发展为建筑师与卢浮宫等文化机构所带来的文化品牌效应可谓有过之而无不及。然而，尽管弗兰克·盖里与让·努维尔等建筑师都试图把各自眼中的阿拉伯城镇元素融入设计中，但这些大手笔的投资与当地文化发展的关联却并不紧密。埃尔谢施图瓦曾指出这一方式很容易被认为是一种文化殖民（cultural colonialism）。（Elsheshtawy 2012）当地政府曾作出一系列努力，试图打消人们对此的顾虑：包括举办一些研讨会、展览与艺术博览会，借此打造"博物馆效应"来吸引该地区居民。遗憾的是，这很难掩盖一个事实：这些标志性文化项目的目标受众其实还是国外投资者以及游客。

　　阿布扎比以及里约热内卢古根海姆博物馆等文化项目建设的通病是没有听取当地文化机构与艺术家的意见。（Yudice 2009）有些情况下，这种决策甚至直接绕开了地方规划程序。（Ponzini 2013）这样一来，本地居民对此类项目就会抱持着一种怀疑的态度，并且不会参与其中。这些项目虽然能吸引来自全球的零售业与消费者，但由于其建筑风格往往带有相似的全球文化烙印，因此当地城市的特色并没有被凸显，其风味反而被冲淡了。在一些"独具慧眼"的消费者眼中，这些城市早已失去了魅力。

文化园区与集群

　　通常来说，城内文化或艺术区域的主角都是那些闻名遐迩的画廊与博物馆。不过，另一种发展路径与毕尔巴鄂的模式正好相反。这种模式更加具有地方特色，也更强调生产。它通常以文化园区、文化集群或者文化区的形式出现。不同的政策驱动着这些特色各异的发展模式：有些侧重于文化生产，例如打造艺术工作室以及为高新技术型创业公司提供办公场地；有些致力于推动消费并提供休闲娱乐，例如维也纳博物馆区与悉尼派尔蒙特—乌尔蒂莫地区；另外一些则专注于进行本地文化振兴或社区改造。事实上，许多文化或创意园区往往同时扮演了多重角色，部分文化空间通常被住宅或消费空间"侵占"。

据莎伦·佐金的《Loft生活》记载，20世纪80年代的纽约苏荷区改造可谓是文化园区与集群这一模式的典型代表。（Zukin 1982）这一改造最初是由艺术家们发起的。闲置厂房中高大的窗户为艺术创作提供了良好的采光；空间巨大的货梯则可以用来运送艺术画作。无独有偶，在费城、巴黎、柏林以及斯德哥尔摩等城市，一大批艺术机构纷纷进驻废弃工厂。这些城市还出台一些举措，为艺术家们保障租金稳定甚至提供补助。（Evans 2001）

随着大量制造业从许多欧洲城市搬离，艺术家或手工艺人们逐渐"占领"了废弃仓库。传统的工业空间被改造成了loft公寓或工作室。有些新产业的转型非常彻底，比如曾经的肉类加工厂如今变成了电子游戏场所。有些转型则稍显"柔和"，比如曾经的服装加工厂如今变成了专门生产"高端"手工艺品的场所：诺丁汉蕾丝市场（Lace Market）和伯明翰珠宝角（Jewellery Quarter）就是英国境内的典型代表。（Crewe and Beaverstock 1998）

现有迹象表明，大多数文化产业都对城市情有独钟；换言之，更多的文化产业选择扎根于城市，尤其是大城市。这些文化产业通常也是一座城市打造"品牌形象"的重要环节。正如米兰是名副其实的时尚之都，巴黎是当之无愧的艺术之都，洛杉矶是实至名归的电影之都。当然，这些范本其实只是个例，而非常态；有些产业也仅分布在全球的少数几个城市中。（Scott 2000, 2005; Scott and Power 2004）不过，这些全球中心城市的成功足以激励中小城市的政策制定者关注并推动文化产业的发展。

为了推动文化界的发展，城市文化产业开发时通常会运用到一些概念，这其中包括由美国著名战略学家迈克尔·波特提出的"集群"概念（Porter 1998），以及"产业区"与"创新环境"等名词。（O'Connor 2004; Pratt 2000）波特的"集群"概念是指某一行业中具有相互关联的企业、供货商及相关机构集聚在某一区域中。很多人认为，这一概念用在文化产业的语境中并不贴切。（Pratt 2002）在城市中，文化产业的集聚一般是在几条街区的范围内。这通常是因为文化生产者之间需要分享信息与想法、进行交流以及更新行业"新闻"。（Currid 2007; Lloyd 2006; Pratt 2006）这就是所谓的"隐性知识交换"。迈克尔·波兰尼曾说过："我们知道的多于我们所能言说的"。（Polanyi 1966）隐性知识是个人化且难以规范化的一种知识。回想一下文化生产的过程，艺术家、作家以及音乐家往往都是跟随着一种难以描述的"感觉"进行创作，以此迎合市场的需求，同时又兼顾个性化的表达。

面对面的思想碰撞是文化交流的最佳途径。经常运用电子技术的文化活动——如广告宣传或电子游戏生产——也不例外。（Pratt 2011）事实上研究表明，越靠近产业链上游的文化活动——同时也涉及更多创新的生产元素——越需要面对面的交流。（Pratt 2006, 2011）尽管其他"知识型产业"也是如此——例如金融服务业的贸易与投资活动往往也会形成集聚——城市文化活动的集聚其实要归功于城市环境。城市中文化消费的潜力通常更大，并且消费总是伴随着生产。举例来说，音乐家往往会热衷于音乐方面的消费。此外，思想的碰撞才会带来文化生产的欣欣向荣。无论是否正规或商业化，各种文化生产领域扎根于城市。这些领域相互交融，思想的火花因此迸发：公立艺术画廊与街头涂鸦交相辉映；政府资助的剧院与商业化演出场所比肩而立。

一些城市具有口碑效应的优势。正如谢菲尔德、波哥大与底特律，这些城市由于流行音乐发达，人们一提到"音乐圈"便会想起它们。这种口碑效应会带来一种良性循环，使得对某一种文化活动感兴趣的人们纷至沓来。文化公司以及酒吧、俱乐部、咖啡馆和独立商店等相关休闲业在这类地方进行选址，是一种对"象征资本"（symbolic capital）的投资。（Currid 2007; Harvey [1989a] 2000; Lloyd 2006）这种"象征资本"恰恰是其他城市模仿不来的。摩洛克称其为"一种根深蒂固的垄断地租"。（Moloch 1976: 229）这不利于别处的文化产品进入当地，也会导致这类城市的文化产品价格高昂——例如时尚之都米兰的时装业。

通过文化园区与集群，一部分城市成功地打造了有影响力的文化产业基地。这些文化基地可能集中在一个产业，或横跨几大产业。不过事实证明，城市管理者很难对此进行管控。成功的文化集群往往伴随着文化的高雅化改造这一过程。前文提及的一些标志性文化项目也是如此。以纽约的苏荷区为例，高档零售业与消费活动以及飞涨的租金已经逐渐"攻占"了原先的文化生产场所。那些收入相对较低的文化工作者以及负担不了租金的社区居民曾群居于此，却不得不搬迁出去。

城市竞赛

对于城市而言，文化的地位日趋重要。如火如荼的城市"竞赛"说明了这一点。撇去奥运会或世博会这类大型活动不谈，许多亚洲以及欧洲城市都在为了争夺"文化之都"的桂冠而你追我赶（见第六章）。"设计之都""文学之都""电影之都"等的争夺更是不胜枚举。这类城市竞赛影响（有时甚至是改变）了文化政策与资源。这其实也使得城市文化政策更趋于模式化。

这些活动的受众非常多元化：他们来自于本市、国内乃至国外。不过，各个城市的侧重点有所不同。2008年，英国利物浦曾被授予"欧洲文化之都"的称号（European Capital of Culture，每年由欧盟评选——译注）。利物浦的城市形象从此大大提升，尽管原先的形象问题可以说都是国内而非国际性问题。同年举办的北京奥运会也向世界宣告了中国日益强大的国家实力以及影响力。

世博会作为城市大型活动，历史相当悠久，最早可追溯至19世纪的万国博览会。（Roche 1998）近几十年来，世博会再度流行。2010年上海世博会（与北京奥运会相隔仅两年）的成功举办便是最好的证明，它是目前为止规模最大的一届世博会。中国政府出台了相关政策援助贫困国家前来参展，并展示了其作为贸易伙伴的强大魅力——欧盟打破先例，首次走出欧洲大陆参加世博会。这使得上海的国际大都市形象从此更加深入人心。

通过各大展览场馆，世博会弘扬了各国的设计与建筑。尽管从严格意义上来说，世博会有别于文化节事的活动形式，不过这也是一种"展现文化实力"的途径。奥运会也是如此。近年来，奥运会的举办通常伴随着大型的文化节事活动。2012年伦敦奥运会便开展了"奥运艺术节"。碧翠丝·加西亚对此并不看好。她认为即使是拥有鲜明文化主题的大型活动也不一定能够推动该城市的艺术与文化可持续发展。加西亚选取了全球三座城市的大型活动进行分析（1990年格拉斯哥"欧洲文化之都"活动、2000年悉尼"奥运艺术节"以及2004年巴塞罗那"环球文化论坛"）。她指出，这些城市在竞选活动主办权时都主打文艺活动。这是竞选时的惯用手段，借此突出当地社会对本次活动的密切关注。同时，也可以打消举办活动是为了吸引国外游客或商业投资之类的忧虑。然而一旦竞选成功，许多文艺项目在活动筹备阶段却被边缘化了："这些文艺项目往往得不到主流渠道推广。由于资金紧张，这些项目最终无法实现既定目标。"（García 2004: 114）即便是"欧洲文化之都"之类的文化节事，主办方通常也着眼于一些大型的即时性文化活动——例如邀请林戈·斯塔尔（Ringo Starr）或帕瓦罗蒂到场演出——而非专注于当地文化或创新研发。因此，当地文艺界与这些大型活动之间的良好关系通常建立在竞选阶段，这种关系并不持久。

加西亚对大型活动的评论暴露了前文中一些文化政策存在的隐患。作为世界文化中最精彩纷呈的一环，各大城市往往希望借由文化渠道向世界发声，展现自己绚烂宏伟的底蕴并力证国际化地位。无论是标志性建筑、大型活动还是文化园区，这些政策的通病往往在于并没有深入到城市内部去了解大众的日常文化生活。因此，由于缺乏连贯性、时效短以及精英化，这些政策饱受诟病。"创意城市"的设想之所以产生，部分原因也是为了挽救这些政策所带来的弊端。

创意城市

谈到城市文化政策，"创意城市"一词总被频频提及（甚至滥用）。这已经演变为一种简单含糊的说法，频繁出现在当下各大文化与城市政策的语境中；在城市文化发展这一更为关键的语境中也是如此。全球许多城市都标榜自己是"创意城市"，甚至还出现了一些创意城市网络。这其中包括联合国教科文组织、加拿大国民政府以及民间咨询公司等成立的各大创意城市网络。基普森认为这一说法代表了一种"创意城市的常规化宏图"（Gibson 2013: 125），而普拉特则指出创意城市这一概念有许多实现形式，并不一定要遵循相同的"宏图"。（Pratt 2012）

事实上，创意城市这一概念最初源于对两大问题的探讨：如何进行决策以及政策目标是什么。（Landry 2000; Landry and Bianchini 1995）在这一背景下，创意是指我们需要对城市进行更加自觉且自省的思考，而非局限在城市的"创意"经济发展上。这样一来，我们才能避免重犯之前出现过的一些错误。创意城市中不可或缺的一点便是文化规划：文化需求必须渗透到城市决策过程的方方面面，包括公共交通以及学校的艺术教育。文化绝非只是推动经济发展的一种手段。（Mercer 2002）对于文化规划以及"打造创意空间"等类似的概念而言，至关重要的一环是推动文化领域之外的人员力量广泛参与。（Markusen and Gadwa 2010）这需要各界投身其中：包括交通与医疗等各大领域、建筑师与心理学家等各界专家以及城市与社区等各级代表。因此，与其说创意城市是一种政策，倒不如称其为一种决策手段。

可以说，创意城市最初的"宏图"是想解决社会分裂、社会恐慌以及排除异己等城市社区中的现存问题，并由此挖掘出独特的地方风味。不过随着这一概念的演化，这一目标已被逐渐淡化。兰德里与比安奇尼早前提出的"创意城市"模型便聚焦于文化对于缓解城市社会问题以及促进经济繁荣的作用。（Landry and Bianchini 1995）不过，这些因素之间可能存在冲突。文化的高雅化改造便会引发矛盾。至于冲突的程度，他们并没有给出明确的说法。

在兰德里与比安奇尼的创意城市研究中，"政策转移"这一概念尤为重要。他们提及了巴塞罗那、赫尔辛基、墨尔本以及各地的政策案例。这些案例范围广泛，包括赫尔辛基的冬季庆典活动、德国鲁尔区的闲置工业用地改造以及哥本哈根的循环与生态科技中心。其他城市争相仿效这些优秀的创新范本。尽管兰德里与比安奇尼一再强调要采用具有本地化特色的方式，否则"创意城市"往往会变成一种所谓的"移植性政策"。这一说法由派克提出。不幸的是，在听取了一些咨询专家以及政策顾问的意见后，这些政策还是被快速地从某地"移植"过来。这些政策通常缺乏对于当地政治或经济环境的充分考量。（Peck 2004, 2005）

不同于政策流动，这种"移植性政策"更加简单直接。在普拉特看来，决策者更乐于"克隆"其他地方的做法。（Pratt 2009）普拉特将这一现象称作政策复制。这种照搬创意城市模式的做法缺乏深思熟虑，反而会扼杀那些真正的创意，更没有考虑到当地的实际情况与机遇。不过，这并非意味着相关城市或地区在政策落地时不会进行调整或修改；事实恰恰相反。江莉莉等人曾对新加坡、韩国等地进行研究，观察这些国家及地区如何汲取"创意经济"的概念并进行因地制宜的调整。（Kong et al. 2006）城市规模、地理位置以及政策配套均是考量因素。维特与吉普森对澳大利亚卧龙岗市（该市规模不大）的文化政策发展研究也证实了这一点。（Waitt and Gibson 2009）对于创意城市而言，这种照搬式政策移植的成功案例通常源于去工业化的欧洲城市。在脱离欧洲的大环境之后，这些模式被移植到完全不同的社会环境中，最终成为推动创意城市经济发展的成功"秘诀"。（O'Connor 2009; UNESCO 2013）毋庸置疑的是，其中一大秘诀正是发展文化旅游并推动娱乐休闲设施的建设。我们将在下一节中对此展开讨论。

城市的魅力

这一节中所讨论的文化并非局限于文化生产的发展。确切地说，文化是吸引外来投资、文化旅游或技术移民的金字招牌。文化对于旅游业的推动力不言而喻。在埃及吉萨金字塔、柬埔寨吴哥窟和法国埃菲尔铁塔等全球著名景点，这一现象可谓有目共睹。这些景点中有许多都属于城市景观，例如意大利威尼斯的运河和日本京都的庙宇。这类象征资本虽然难以模仿——威尼斯的城市风貌至今仍是独一无二的——却也是一把双刃剑。大量游客的涌入会令其他潜在游客望而却步；当游客们置身于人声鼎沸的西斯廷教堂，环顾四周的艺术杰作，并非所有人都能感受到这种艺术之美或者说精神享受。

那么，其他城市呢？它们虽然不属于全球热门旅游目的地的第一梯队，但同样拥有各自独特的地方文化。这些城市也一直在致力于推广自身的文化财富，并打造各自的文化"品牌"。20世纪70年代起，一些城市管理者便开始打造所谓的艺术区或娱乐区。美国巴尔的摩的港口改造正是久经考验的典范之一。改造后的这一区域，商店、餐馆与酒吧林立。巴尔的摩试图把文化"体验"融入到这些消费性活动中，以此招揽游客并吸引中产收入者"归巢"。（Hannigan 1998; Harvey 1989b）改造后的滨水地带目前已经成为巴尔的摩不容错过的体验（这是内陆城市无可比拟的）。人们很难想象昔日的河道只是城市运输系统的一部分，甚至无人问津。

一些城市则将目光投向了打造"日常化"景观或提升城市"宜居度"的工程——例如建设绿化空间或自行车专用道。政府往往会大力投资这些项目，这不但能造福现有居民，还可以吸引高收入的专业化人才前来就业定居。理查德·佛罗里达把拥有专业技术与知识的就业者群体定义为"创意阶层"。（Florida 2002）正是由于这一理论的提出，佛罗里达在创意城市建设领域拥有了一定的话语权。这一策略强调吸引高新技术产业与相关工作者的重要性，经济是基于人才集聚而非文化产业自身才得以发展的。

对于城市规划专家（Hall 1998; Jacobs 1961）以及研究"新增长理论"的学者（Romer 1994）而言，佛罗里达的理论可谓醍醐灌顶。这些专家意识到技能型人才的重要性。如何吸引这类人才并让这些"创意阶层"成为城市的流动人口便成为了一项重大议题。佛罗里达认为，"创意阶层"在抉择就业机会时往往不太关心工作质量。相反，他们更关心的是这一行业所在城市或地区的基础设施与生活方式——这其中包括了文化设施。

目前，全球许多城市都采用了"佛罗里达模型"进行城市建设（Berry 2005; Boyle 2006; Hui et al. 2004; Kong et al. 2006），不过这一理论也受到了很多学者的猛烈抨击（Oakley 2009），争议主要集中在实用性以及政治思想层面。其中最受质疑的一点是佛罗里达推崇的城市建设模型到底会带来怎样的社会影响。批评者认为佛罗里达的做法实际上是为文化的高雅化改造辩护，它忽略了社会不公以及种族歧视等一系列问题。（Markusen 2005; Peck 2005; Scott 2006）另外一些批评者则认为佛罗里达提出的城市政策方案并没有很好地调和社会不公的现象，反而激化了这一矛盾。以文化的公共支出为例，佛罗里达更支持对日常文化进行投入。这意味着资源将汇集到特定的文化消费内容上（例如餐馆、酒吧、夜店与音乐场所等），而历史建筑等其他文化景观却得不到重视。对于文化设施的投入通常能够反映出决策者的品味（一般来说高雅文化比流行文化更胜一筹）。不过，一旦过度建设迎合年轻人或"波西米亚人"（bohemian，此处代指富含创意思想的艺术家、音乐家、作家等"创意阶层"——译注）喜好的文化设施，这就意味着其他人群的需求将得不到关注。这样一来，最终的效果可能适得其反，也会失去人心。

不容忽视的一点是，当城市决策者致力于采取各种措施并投入资金以吸引"创意阶层",其他方面的政策往往会被忽视。这包括亲民的保育政策、良好的教育政策以及便捷的公共交通政策。这些政策原本可以惠及中老年人、贫困家庭以及女性就业者,然而城市政策往往更倾斜于前来工作或休闲的流动人口而非相对固定的中老年人以及贫困家庭。如此一来,"非创意"阶层就被双重边缘化了:第一,这是因为这些人群的消费偏好和需求与"创意阶层"不同;第二,伴随着"创意阶层"的涌入,城市地价与房价可能会飙升,导致原先满足基础服务需求的地块被"创意地块"取而代之。(Massey 2007)

快速恶化的社会不公现象使得全球许多城市备受困扰。那些并没有采取"创意阶层"发展路径的城市也面临着相同的困扰。在进行创意城市的规划时,决策者们的愿景是实现更为公平、更具包容性的城市生活。然而,最终的政策落实效果往往不尽人意,这是使得创意城市这一方式备受争议的一点。如此一来,创意经济的前景就显得不容乐观。目前从美国范围内来看,越是具有创意经济优势的城市地区,贫富差距越是显著。佛罗里达对此婉转地指出:"严格来说,人才的集聚其实对'下层受惠'(trickle-down)收效甚微。"(Florida 2013: 1)

许多城市管理者转而采取一种更加积极主动的态度进行应对,以此确保以文化为导向的经济发展更为健全,同时减少文艺工作者以及本地居民的流失——这些人才是城市赖以发展的根基。斯图尔特·卡梅伦与乔恩·柯菲对英格兰东北部城市盖茨黑德进行了研究。(Cameron and Coaffee 2005)他们发现由商业资本推动的文化高雅化改造与政府当局引导的"积极改造"效果截然不同。很多情况下,由于法律支持的滞后,政府当局往往无力应对租金上涨带来的后果。在一些"发展势头强劲"的地区,具有文化生产功能的地块逐渐转变为文化消费空间。然而,政府对此却束手无策。

城市为文化产业的发展提供了沃土;反之,文化也是增强城市竞争力的有力武器。除此之外,许多文艺工作者与活动家在表达对现行的一些文化或经济政策的不满时,往往也会选择城市作为活动地点。我们将在下一节中对此展开讨论。值得注意的是,撇开一些不利于可持续发展的文化措施不谈,相当一部分城市正在做出积极的努力。这些城市致力于把文化活动渗透到一系列政策中,使得城市继续保持"宜居性",同时又具有可持续发展的前景。

城市与社会的可持续发展

文化政策以及文化支出有助于调和社会不公,我们在第三章中已经讨论过这一点。罗尔森把这一现象称为"仪式逻辑"。(Royseng 2008) 在城市文化政策中,文化通常伴随着降低犯罪率或提高儿童受教育程度等明确的社会目标出现。(Bamford 2006) 更多情况下,文化往往与提升城市"宜居度"、增强社会包容度以及增进社区凝聚力等总体目标联系在一起(见第三章)。由于以文化为导向的经济发展会带来社会两极分化,文化在上述情况中的作用往往难以衡量。不过,以加拿大和美国为代表的一些研究者已经发现,参与文化与创意活动有助于建立人脉。这种所谓的"社会资本"涵盖了来自不同背景的人们。(Markusen and Gadwa 2010a; Stern and Seifert 2010)

马克·斯特恩与苏珊·塞弗尔特在观察文化活动的参与对象时发现,邻里效应尤为重要。(Stern and Seifert 2000, 2010) 换言之,当文化活动集中出现时——尤其是地方性活动——这说明周围的居民比较乐于参与文化活动;与其他学者意见相左的是,他们认为相较于来自单一背景的人群而言,居住在贫富差距较大且多种族融合环境中的人群文化活动参与度更高。斯特恩与塞弗尔特由此得出结论:文化参与"可以被视为一种集体行为"。(Stern and Seifert 2000: 6) 因此,推动文化参与应着眼于邻里层面而非个人层面,致力于提升社区文化设施的质量。让诺特则认为乐于参与文化活动的人也会主动在其他领域做出贡献。(Jeannotte 2003a, 2003b) 布尔多的研究也证实了这一观点。(Bourdeau 2002) 他发现除去性别、收入以及受教育程度等社会经济和人口因素,这一结论依然成立。另外一些研究则表明相较于其他活动,参与文化活动对增进社会资本更具影响力,比如增进人与人之间的信任度和包容度。(Stolle and Rochon 1998)

作为社会资本效益的主要推崇者,罗伯特·普特南也承认,"公众参与有利于促进互惠与诚信。二者之间是紧密相连、密不可分的。"(Putnam 2000: 38) 一旦涉及文化,情况就变得更为复杂,换言之,研究数据表明文化与上述现象关联紧密。不过，我们尚不清楚参与文化活动与信任他人之间是否具有因果关系；这种关联的本源目前也不得而知。

在公共政策领域，国民幸福感也是文化政策制定者近来关注的焦点之一。尽管已经有大量研究基础，这一领域目前仍源源不断地涌现出类似的研究。2010年，英国政府发布了有关《文化与体育调查项目》（Culture and Sport Evidence Programme）的研究报告（简称CASE）。该项目为期三年，深入研究了促使英国民众参与体育运动与文化活动的因素及其影响。另外，该项目还重点探讨了如下问题：通过运动与参与文化活动，英国民众的主观幸福感是否有所提升？这种主观幸福感的提升又该如何衡量？（CASE 2010）

参与体育运动或文化活动对人们的生活态度会产生积极的影响。现有研究已经可以证实这一点，不过具体的文化活动类型还有待进一步研究。这使得文化政策制定者难以抉择如何分配资金。针对不同的社会问题，政策制定者如果想要对症下药，就必须先弄清楚一个问题：我们所讨论的文化到底是属于哪些人的文化？长期以来，围绕着"高雅艺术"与"流行文化"之争、公共资金与民间投资之别以及新旧文化机构更迭的讨论一直不绝于耳。文化有利于社会和谐且会影响社会幸福程度这一观点的出现为这些争议提供了全新的视角。

阿比盖尔·吉尔莫指出，人们在空闲时到底如何打发时间？许多文化活动类的研究（有些是基于当地的文化活动）并没有注意到这一问题。这些研究更侧重于探究人们对"大众熟知"的文艺活动的参与意愿。因此，当文化政策转而聚焦于人们真正喜爱的文化活动，如何区分"接触"与"不接触"某种文化活动便成了一大难题。这样一来，政策便会致力于资助各种各样的文化活动，尤其是非常具有当地特色的活动。（Abigail Gilmore 2013）

到目前为止，大多数城市文化政策都聚焦于公众对于"主流"活动的参与度。不过，也有一部分研究者从"人类学"角度入手进行文化研究，探究宗教信仰与种族背景不同的人们是否以及多大程度上可以在城市中和谐共处。全球各大城市遍布着来自于少数族裔或与当地主流宗教信仰不同的移民。他们生活在异乡或异族文化中，如何与主流文化和谐共处便成为了一个难上加难的问题。移民群体往往会在城市中成群聚居，因此城市政策制定者必须正视多元文化以及跨文化融合的问题。国家政策的制定也是如此。

1960年到1970年间，英国的移民融合政策强调"同化"，而后逐渐转向多元文化主义。移民群体与英国本土居民拥有不同的文化传统，多元文化主义倡导对这种差异性的认可。英国的一些城市先后出台了文化政策支持并弘扬不同的移民文化，打造特色鲜明的少数族裔聚集区。这其中包括伦敦东区的"孟加拉城"，还有遍布各地的"唐人街"以及"小意大利城"。（Kunnemann and Mayer 2013）近年来，跨文化融合的思潮开始兴起。这一思潮并不推崇给个人或群体"印上"鲜明的身份烙印，而是强调各大族群百花齐放。（Fanshawe and Sriskandarajah 2010）文化政策需要为此创造空间与机遇，支持各种跨文化活动相互碰撞、交流与共享。哈杰尔与雷金多普指出，这一全新的公共领域使得"各大社会族群之间能够实现文化交流"。（Hajer and Reijndorp 2001: 11）他们认为，实现文化交流的前提是我们需要跳出传统的文化空间——例如城市里的中央广场、艺术画廊以及音乐厅等。我们必须认识到，文化渗透在生活的方方面面：公共交通工具、街道与公园、购物中心以及机场等地都是文化交流的载体。（Wood and Landry 2008）

城市政策配套

城市文化政策的出台不仅需要当地政府的推动，更需要社会各界的参与：来自文化产业的雇主、艺术机构、民间团体以及房地产开发商等都是中坚力量。这是当下流行的分权式政府或"管理"的产物。全球各大城市对资源、就业机会与投资的"抢夺"大战加剧了这一趋势。在"城市企业化"（urban entrepreneurialism）进程中，各地政府逐步接管了城市中丰富多彩的象征文化、审美文化以及经济文化活动。（Harvey [1989a] 2000）

在城市管理者看来，经济发展是当务之急。正因如此，全球各大城市在"竞争"人才与资源时，纷纷使用了文化财富这一利器。这一点是有目共睹的。"竞争力"一词已从商业领域延伸到了城市发展上。虽然有部分学者批评"城市竞争力"已经偏离了既定涵义，不过它依然能够说明一个问题：经济繁荣是评价城市竞争力的主要标准。（Buck et al. 2005）目前，五花八门的城市"排名"不断涌现，考量城市宜居度或文化财富等方方面面，但城市的企业化经营依然是主流思想。(Mayor of London 2013)从这一角度来说，城市应该打造属于自己的品牌，同时配备营销推广以及公关宣传部门。遗憾的是，对于经济竞争力的追求往往与文化或社会愿景不能兼得。决策者在进行文化政策配套时，难免会引发冲突与争议。

相较于推动经济发展而言，提供艺术与休闲享受是文化政策制定者过去常常考虑的因素。随着文化政策在城市发展进程中备受瞩目，新需求的出现要求文化政策制定者与时俱进。然而，他们是否有能力胜任呢？这一点并不明朗。(O'Connor and Gu 2013)目前，规划的合法性是大众关注的焦点，这被认为是文化可持续发展的长足动力。然而，"文化"政策制定者通常却触及不到这一领域。(Grodach and Silver 2013)文化领域的许多重大规划——其中涉及艺术工作场所、租金、分区与土地利用规划以及夜间经济(night-time economy)许可与管理——并非都经由相关规划者与文化政策制定者协商决定。因此，即使某些政策本质上很容易合法化，文化政策制定者却往往因为缺少立法支持而无法推行"积极的文化"政策。

对于城市的文化形象而言，民选领袖的作用举足轻重。在文化政策制定方面，前伦敦市市长肯·利文斯通(Ken Livingstone)、前波哥大市市长安塔纳斯·莫茨库斯(Antanas Mockus)、前芝加哥市市长理查德·戴利(Richard M. Daley)等人都曾各显神通。(Nichols Clark and Silver 2013; Oakley 2013; Pasotti 2013)利文斯通曾提出"文化产业"政策，而莫茨库斯则倡导"市民文化"。创造更符合民意的城市文化景观是制定这类政策的出发点。不过世人最终看到的往往是耗费巨资打造的大型项目，抑或是万众期待的画廊或博物馆开业。另外一些领导人则认为当公共支出需要削减时，艺术与文化项目这类"软性服务"应该首当其冲。

各大城市对于文化的政策配套不尽相同；举例来说，有些城市侧重于扶持大型艺术机构，有些则将重点放在第三产业或公共服务上。不过目前看来，几乎所有城市都面临的一大问题是：房地产开发商的介入已然成为了政策制定环节不容小觑的一环。对那些文化政策难以落地、缺少法律支持或政策体系宽松的城市而言，这无疑是一大挑战。通过对一些城市的调查，研究者发现房地产开发商通常会把目标定在市中心地块，以期借助零售业和娱乐业获利。(Markusen and Gadwa 2010a; Zukin 1995) 有些情况下，积极奔走的市长或者活跃的艺术与公共团体可以扭转或改变这一进程。(Silver 2013) 然而，城市公共空间的逐渐消失却是大势所趋：城市中心与某些区块愈发受到关注；文化设施的分布趋于集中；一系列公私合作项目的诞生"侵占"了原本的城市公共空间。因此，私人产权所属的大楼与半公共空间纷纷涌现，周围购物中心与广场林立。伦敦的金丝雀码头正是如此。普通民众可以在这些空间内活动，但是要遵守某些规定，甚至不能进行一些看似日常的行为，例如骑自行车、滑旱冰甚至就餐。流浪汉、瘾君子或是（"占领运动"中的）抗议示威者等特定人群更加不受欢迎。

随着经济发展在城市文化中逐渐占据主导地位，创意网络这一独特的城市政策配套策略开始广受欢迎。一方面，这是因为人们逐渐认识到各大行业（例如纺织业）内中介机构的重要性；另一方面，虽然文化产业在国际资本与知识网络中的地位不可否认，但归根结底，文化产业是扎根于本地社会的。因此，深入了解本地文化景观就显得尤为重要。传统的艺术管理部门以往会拨款给那些由政府扶持的艺术机构。这些管理部门对一些小型的文化企业不甚了解，而后者（通常涉及新媒体、流行音乐、喜剧节目或杂志出版）也并没有把自己视为"艺术界"的一份子。这些企业并非都是纯商业性质的；但是其企业性质或从事的文化形式（例如喜剧俱乐部）还未被归入政府资助的艺术机构行列。

正因如此，许多城市与地区成立了专门的政策部门，旨在对百花齐放却管理不善的小型文化产业与地方或地区（乃至国家或国际）政府进行调和。这些部门有时设立在当地政府机关中，有时又作为外部机构而存在。它们游走于文化产业的各个环节：民营企业、公共机构以及志愿者组织等。这些政策部门需要与城市规划以及土地利用等其他政策领域打交道，同时又肩负为文化企业提供行业咨询、建议与指导等具体任务。

奥康纳与顾欣通过对曼彻斯特"城市创意产业发展服务所"（CIDS）的研究发现，"信息转化"是这类机构的调和作用中不可或缺的一部分：这些政策部门需要告诉文化机构如何才能实现商业成功。文化机构不仅关心商业需求，也关注社会、文化以及城市规划方面的信息。(O'Connor and Gu 2013)

举例来说，坐落于市中心的文化企业会格外关注售酒法（licensing laws）、规划决策、治安政策或禁毒政策。这些政策部门希望保持营利性机构与志愿者组织共同发展。它们对城市中形形色色的人（例如流浪汉、瘾君子或性工作者）更加包容。传统的商业发展扶持部门在与政府打交道时并不会反映这些需求。或者说，以往这些部门的反馈并不如小型文化企业所愿。

英国与其他国家都曾设立了一些专门的政策部门，普遍看来，这些部门的任务都是推动"经济发展"。从狭义上来说，这包括企业数量增长、就业机会增加以及营业额上涨。这些机构扶持建立的企业数量、帮助提供的就业机会以及培训场地数量等都是衡量其工作成效的指标。由于这些考核成效的指标存在，许多工作人员与小型文化机构之间煞费苦心建立起来的信任纽带往往就被破坏了。奥康纳与顾欣认为，曼彻斯特"城市创意产业发展服务所"原本期望对经济政策、城市规划与文化政策三大领域进行联动，然而摆在眼前的一道道难题——获得拨款资助的一系列需求以及国家管理下的文化政策使得文化的商业化发展面临困境——让他们意识到"鸿沟"难以逾越。事实上，该机构已于2008年关闭。当时，英国广播公司计划在曼彻斯特建设"媒体城"（英国广播公司将一部分部门从伦敦迁移到曼彻斯特西部的萨尔福德地区），因此，英格兰东北部地区的政策都开始聚焦于这一更大规模的发展计划。奥康纳与顾欣的这一研究说明了两点：不同政策领域以及机构之间的协调工作非常难以开展；这一工作应在城市文化政策的语境中展开。

城市中的文化与冲突

通过本章的阐述，我们可以清晰地认识到，近些年来，城市不但是孕育文化政策的沃土，更是容易爆发争议之处。文化政策的制定离不开其他的城市政策，同时也需要结合当地民情去了解文化的生产与消费。这意味着文化政策往往会与一些更为广泛的政治议题交织在一起：譬如公共空间、劳动力、社区群体以及身份认同等。国家与全球层面的文化政策也会出现类似情况。不过，人们在城市中更容易捕捉到文化政策的"身影"——新近开业的博物馆、濒临关闭的滑板公园以及邻里街区的变化——这些都逃不过城市居民的眼睛。文艺作品的版权问题或文化的民族主义问题等争议一直在城市中上演。

在许多城市研究者看来,城市绝非乌托邦。不过,它依然是进行政治活动、掀起抵制风潮以及孕育全新政治机遇的理想之选。(e.g. Graeber 2013; Harvey [1989a] 2000, 2013; Pinder 2005)众所周知的一大案例便是"创意阶层斗争组织"(Creative Class Struggle),该组织取名自佛罗里达的创意阶层理论,并将总部设立在佛罗里达的现居地多伦多市。来自该组织的活动家认为,创意城市策略通常会导致文化高雅化改造、种族隔离以及原住民被迫外迁等一系列后果。因此,他们撰写文章,对一些由艺术家组织或参与的文艺活动进行评论,以期抗议这些现象。在德国汉堡,艺术家们不肯搬离一些废弃建筑,以此反对政府将这些地块卖给房地产开发商。同样的情况也在柏林的克罗伊茨贝格区上演,占居者与艺术家们曾聚居于此,不肯外迁。(Bader and Bialluch 2009)在阿姆斯特丹以及巴塞罗那,艺术家们则纷纷奋起抗争,抵制对内城区进行文化高雅化改造。(van de Geyn and Draaisma 2009)另外,当城市管理者计划建设一些新的"文化园区"时,文化工作者往往会联合起来进行抵制。这是因为新的"文化园区"会排挤掉原有的艺术亚文化形式以及低收入人群,随之而来的是租金上涨,这会导致某些创意活动形式更受青睐,而另外一些则无人问津。

近年来,各地都爆发了"占领运动"(the Occupy Movement)。示威者们在城市中心地段搭建帐篷营地,抗议愈演愈烈的社会与经济不公现象。纽约华尔街、伊斯坦布尔塔克西姆广场等多地都曾爆发过"占领运动"。这种文化政治运动采用抗议的手段——其语义由"露天集会"一词转化而来——声讨日益尖锐的政治问题。大卫·哈维指出这一运动也暴露了青年文化工作者的焦虑:收入不高、就业不稳定以及失业问题乃至住房与教育成本高昂。(Harvey 2013)哈维认为,对文化从业者采取"安抚与专业分工"的策略可以平息这些激进的做法。同时,他也发现这些亚文化形式以及日益积累的不满情绪其实蕴藏了左翼政治之势。(Harvey 2013: 88)哈维进而呼吁文化应被视为一种"独树一帜"的概念,既可以接纳又能够抵挡商业化潮流。城市中也不乏其他激进运动,例如"滑稽广告"(subtervising)以及"游击花园"(guerrilla gardening)等。这些运动让我们认识到城市文化生产与消费其实是呈对立之势的。此外，文化既是传递批评之声的渠道，又提供了呈现另类途径的可能。

小结

本章梳理了文化政策在城市中的"身影"。纵观历史，无论是由于外来的文化力量抑或本身的文化信仰，城市一直都是蕴含了文化禀赋的载体。人们一般认为，民族国家层面才是孕育文化政策与开展相关研究的良选（见第五章）。不过，民族国家的文化政策通常会在城市中落地，尤其是（但并不局限于）首都之类的城市。城市既拥有形形色色的文化生产者与消费者，又拥有广阔的市场与坚实的群众基础。这些有利条件都使得文化活动荟萃于此。凭借其先天优势，城市文化政策通常会孕育出与民族国家层面截然不同的文化措施。

可以说，城市最容易受制于地缘政治变化；从城市规模上来看，全球最重要的城市均集中在"南半球"国家。这些城市的经济发展正在赶超其他城市：到2025年，二十座亚洲城市将跻身全球最富有城市的行列。（Mayor of London 2013）近年来，城市在文化政策领域肩负着日益重要的责任；引领创意经济发展的思潮大多起源于发达国家的一些城市。来自"南半球"国家的许多城市先后效仿了这些模式，而另一些城市则尝试独辟蹊径，以期促进社会公平与公众参与。作为文化政策创新的重要阵地，城市依然任重而道远。

参考书目和拓展阅读

- Bader, I. and Bialluch, M. (2009) 'Gentrification and the creative class in Berlin Kreuzberg', in L. Porter and K. Shaw (eds) *Whose Urban Renaissance? An International Comparison of Urban Regeneration Strategies*, London: Routledge.
- Bamford, A. (2006) *The Wow Factor: Global Research Compendium on the Impact of the Arts in Education*, Berlin: Waxmann Publishing.
- Barnes, K., Waitt., G., Gill, N. and Gibson, C. (2006) 'Community and nostalgia in urban revitalisation: a critique of urban village and creative class strategies as remedies for social "problems"', *Australian Geographer*, 37(3): 335-54.
- Bell, D. (2014) 'Cottage economy: the "ruralness" of rural cultural industries', in K. Oakley and J. O'Connor (eds) *The Routledge Companion to the Cultural Industries*, London: Routledge.
- Bell, D. and Jayne, M. (eds) (2004) *City of Quarters: Urban Villages in the Contemporary*

City, Aldershot: Ashgate.
- Bell. D. and Jayne, M. (2010) 'The creative countryside: policy and practice in the UK rural cultural economy', *Journal of Rural Studies*, 26(3): 209-18.
- Bennett, T. (1992) 'Putting policy into cultural studies', in L. Grosberg, C. Nelson and P. Treichler (eds) *Cultural Studies*, London: Routledge.
- Berry, M. (2005) 'Melbourne-is there life after Florida?', *Urban Policy and Research*, 23(4): 381-92.
- Bianchini, F. (1987) 'GLC R I P, 1981-1986', *New Formations*, 1: 103-17.
- —— (1993) 'Remaking European cities: the role of cultural policies' in F. Bianchini and M. Parkinson (eds) *Cultural Policy and Urban Regeneration: the West European Experience*, Manchester: Manchester University Press.
- Bop (2012) *World Cities Culture Report*, London: Mayor of London.
- Bourdeau, J. -P. (2002) *Bowling Alone: Cross-indicators of Social Participation and Local Community Belonging in Canada*, Ottawa, ON: Strategic Research and Analysis Directorate, Department of Canadian Heritage.
- Boyle, M. (2006) 'Culture in the rise of tiger economies: Scottish expatriates in Dublin and the "creative class" thesis', *International Journal of Urban and Regional Research*, 30(2): 403-26.
- Brenner, N. and Theodore, N. (2002) 'Preface to special issue: from the new localism to the spaces of neoliberalism', *Antipode*, 34(3): 341-8.
- Buck, N., Gordon, I., Harding, A. and Turok, I. (2005) *Changing Cities: Rethinking Urban Competitiveness, Cohesion and Governance*, Basingstoke: Palgrave MacMillan.
- Cairncross, F. (1997) *The Death of Distance*, Cambridge MA: Harvard Business School Press.
- Cameron, S. and Coafee, J. (2005) 'Art, gentrification and regeneration: from artist to pioneer to public arts', *European Journal of Housing Policy*, 5(1): 39-58.
- CASE. (2010) *Understanding the drivers, impact and value of engagement in culture and sport*, London: Department for Culture, Media and Sport.
- Coyle, D. (1997) *The Weightless World*, Cambridge MA: MIT Press.
- Crewe, L. and Beaverstock, J. (1998) 'Fashioning the city: cultures of consumption in contemporary urban space's', *Geoforum*, 29(3): 287-308.
- Currid, E. (2007) *The Warhol Economy: How Fashion, Art, and Music Drive New York City*, Princeton NJ: Princeton University Press.
- Elsheshtawy, Y. (2012) 'The production of culture: Abu Dhabi's urban strategies', in *Cultural Policy and Governance in a New Metropolitan Age*, vol. 5, Cultures and Globalization, London: Sage.
- Evans, G. (2001) *Cultural Planning: an Urban Renaissance?* Routledge: London.
- —— (2004) 'Cultural industry quarters: from pre-industrial to post-industrial production', in D. Bell and M. Jayne (eds) *City of Quarters: Urban Villages in the Contemporary City*, Aldershot: Ashgate.
- Evans, G. and Shaw, P. (2004) *The Contribution of Culture to Regeneration in the UK: a Review of the Evidence*, London: DCMS.
- Fanshawe, S, and Sriskandarajah, D. (2010) *You Can't Put me in a Box: Super-diversity and the End of Identity Politics*, London: Institute for Public Policy Research.
- Florida, R. (2002) *The Rise of the Creative Class, and How it's Transforming Work, Leisure, Community and Everyday Life*, New York: Basic Books.
- Florida, R. (2013) *More Losers than Winners in America's New Economic Geography.*

Available at www.theatlanticcities.com/jobs-and-economy/2013/01/more-losers-winners-americas-new-economic-geography/4465/ (accessed 29/11/13).
· Florida, R. and Tinagli, I. (2004) *Europe in the Creative Age*, London: Demos.
· García, B. (2004) 'Urban regeneration, arts programming and major events', *International Journal of Cultural Policy*, 10(1): 103-18.
· Gibson, C. (2013) 'Widening development pathways', paper absorbed into UNESCO' *The Creative Economy Report: Widening Local Development Pathways*, New York: UNESCO.
· Gibson, C. and Klocker, N. (2005) 'The "Cultural Turn" in Australian regional economi development discourse: neoliberalising creativity?' *Geographical Research*, 43(1): 93-102.
· Gilmore, A. (2013) 'Cold spots, crap towns and cultural deserts: The role of place and geography in cultural participation and creative place-making', *International Journal of Cultural Policy*, 22(2): 86-96.
· GLA (2010) *London's Creative Workforce, 2009 Update*, Working Paper 40, London: GLA Economics.
· Gonzalez, S. (2011) 'Bilbao and Barcelona "in motion": how urban regeneration "models" travel and mutate in the global flows of policy tourism', *Urban Studies*, 48(7): 1397-418.
· Graeber, D. (2013) *The Democracy Project: a History, a Crisis, a Movement*, London: Allen Lane.
· Grodach, C. and Silver, D. (eds) (2013) *The Politics of Urban Cultural Policy: Global Perspectives*, London: Routledge.
· Hajer, M. and Reijndorp, A. (2001) *In Search of a New Public Domain*, Rotterdam: NAI Publishers.
· Hall, P. (1998) *Cities and Civilisation: Culture, Technology and Urban Order*, London: Weidenfield and Nicolson.
· Hannigan, J. (1998) *Fantasy City: Pleasure and Profit in the Postmodern Metropolis*, London: Routledge.
· Harvey, D. (1989a) 'From managerialism to entrepreneurialism: the transformation of urban governance in late capitalism', *Geografiska Annaler*, 71(2): 3-17; reprinted in D. Harvey (2000) *Spaces of Hope*, Edinburgh: Edinburgh University Press.
—— (1989b) *The Urban Experience*, Oxford: Oxford University Press.
—— (2013) *Rebel Cities: From the Right to the City to the Urban Revolution*, London: Verso.
· Harvey, D., Hawkins, H. and Thomas, N. (2012) 'Thinking creative clusters beyond the city: people, places and networks', *Geoforum*, 43: 529-39.
· Hui, D., Ng, C. H, and Mok, P. (2004) *A Study on Hong Kong Creativity Index, Interim Report*, University of Hong Kong: Centre for Cultural Policy Research.
· Jacobs, J. (1961) *The Death and Life of Great American Cities*, New York: Random House.
· Jeannotte, M. (2003a) 'Singing alone? The contribution of cultural capital to social cohesion and sustainable communities', *International Journal of Cultural Policy*, 9 (1): 35-49.
—— (2003b) 'Just showing up: social and cultural capital in everyday life', in C. Andrew, M. Gattinger, M. Jeannotte, and W. Straw (eds) *Accounting for Culture: Thinking through Cultural Citizenship*, Ottawa, ON: University of Ottawa Press.
· Kong, L. (2012) 'Ambitions of a global city: arts, culture and creative economy in "post-crisis" Singapore', *International Journal of Cultural Policy*, 18(3): 279-94.
· Kong, L. Gibson, C, Khoo, L. and Semple, A. (2006) 'Knowledges of the creative economy: towards a relational geography of diffusion and adaptation in Asia', *Asia Pacific Viewpoint*, 47(2): 173-94.
· Kong, L. and O'Connor, J. (eds) (2009) *Creative Economies, Creative Cities: Asian-European*

Perspectives, Berlin: Springer Verlag.
- Kunnemann, V. and Mayer, R. (eds) (2013) *Chinatowns in a Transnational World: Myths and Realities of an Urban Phenomenon*, London: Routledge.
- Landry, C. (2000) *The Creative City: A Toolkit for Urban Innovators*, London: Earthscan.
- Landry, C. and Bianchini, F. (1995) *The Creative City*, London: Demos.
- LDA (2002) *Creativity: London's Core Business*, London: LDA.
- —— (2003) *Creative London*, London: LDA.
- Lloyd, R. (2006) *Neo-bohemia: Arts and Commerce in the Post-industrial City*, New York: Routledge.
- Luckman, S. (2012) *Locating Cultural Work: the Politics and Poetics of Rural, Regional and Remote Creativity*, Basingstoke: Palgrave Macmillan.
- MacLennan, D. and Norman, B. (2004) *Glasgow and Melbourne: Remaking Two Great Victorian Cities*, presented at Resurgent Cities Conference, London School of Economics, 19-21 April.
- Mayor of London (2013) *World Cities Culture Report*. London: Mayor of London.
- McGranahan, D. and Wojan, T. (2007) 'Recasting the creative class to examine growth processes in rural and urban counties', *Regional Studies*, 41(2): 197-216.
- Markusen, A. (2005) *Urban Development and the Politics of a Creative Class: Evidence from the Study of Artists*, presented at Regional Studies Association Conference on Regional Growth Agendas, Aalborg.
- Markusen, A. and Gadwa, A. (2010a) 'Arts and culture in urban or regional planning', in N. Verma (ed.) *Institutions and planning*, Oxford: Elsevier.
- Markusen, A. and Gadwa, A. (2010b) *Creative Placemaking. a White Paper for the Mayors' Institute on City Design*, Washington DC: National Endowment for the Arts.
- Marshall, A. (1925) *Principles of Economics*, London: Macmillan.
- Massey, D. (1994) *Space, Place and Gender*, Cambridge: Polity Press.
- —— (2007) *World City*, Cambridge: Polity Press.
- Mercer, C. (2002) *Towards Cultural Citizenship: Tools for Cultural Policy and Development*, Hedemora: The Bank of Sweden Tercentenary Foundation and Gidlunds Forlag.
- Moloch, H. (1976) 'The city as a growth machine', *American Journal of Sociology*, 82(2): 309-32.
- Nichols Clark, T. and Silver, D. (2013) 'Chicago from the Political Machine to the Entertainment Machine' in C. Grodach and D. Silver (eds) *The Politics of Urban Cultural Policy: Global Perspectives*, London: Routledge.
- Oakley, K. (2009) 'Getting out of place: the mobile creative class takes on the local. A UK perspective on the creative class', in L. Kong and J. O'Connor (eds) *Creative Economies, Creative Cities: Asian-European Perspectives*, Berlin: Springer Verlag.
- —— (2012) 'Rich but divided. . . the politics of cultural policy in London', in *Cultural Policy and Governance in a New Metropolitan Age*, vol. 5, Cultures and Globalization, London: Sage.
- —— (2013) 'A different class: politics and culture in London', in C. Grodach and D. Silver (eds) *The Politics of Urban Cultural Policy: Global Perspectives*, London: Routledge.
- Oakley, K. and Pratt, A. (2010) *Brick Lane; Community-driven Innovation? Local Knowledge*, London: NESTA.
- O'Connor, J. (2004) '"A special kind of city knowledge": innovative clusters, tacit knowledge and the "Creative City"', *Media International Australia*, 112: 131-49.
- —— (2006) 'Art, popular culture and cultural policy: variations on a theme of John Carey',

Critical Quarterly, 48(4): 49-105.

—— (2007) *The Cultural and Creative Industries: a Review of the Literature*, London: Creative Partnerships.

—— (2009) 'Creative industries: a new direction?' *International Journal of Cultural Policy*, 15(4): 387-402.

· O'Connor, J. and Gu, X. (2013) 'Developing a creative cluster in a post-industrial city: CIDS and Manchester', in T. Flew (ed.) *Creative Industries and Urban Development: Creative Cities in the 21st Century*, London: Routledge.

· ODPM (2004) *Our Cities are Back: Third Report of the Core Cities Working Group*, London: ODPM.

· Pasotti, E. (2013) 'Brecht in Bogotá: how cultural policy transformed a clientelist political culture', in C. Grodach and D. Silver (eds) *The Politics of Urban Cultural Policy: Global Perspectives*, London: Routledge.

· Peck, J. (2004) 'Geography and public policy: constructions of neoliberalism', *Progress in Human Geography*, 28(3): 392-405.

—— (2005) 'Struggling with the creative class', *International Journal of Urban and Regional Research*, 20(4): 740-70.

· Peck, J., Theodore, N. and Brenner, N. (2009) 'Neoliberal urbanism: models, moments, mutations', *SAIS Review*, 1: 49-66.

· Peterson, R. and Kern, R. (1996) 'Changing highbrow taste: from snob to omnivore', *American Sociological Review*, 61(5): 900-7.

· Pinder, D. (2005) *Visions of the City: Utopianism, Power and Politics in Twentieth-Century Urbanism*, Edinburgh: Edinburgh University Press.

· Polanyi, M. (1966) *The Tacit Dimension*, Chicago: University of Chicago Press.

· Polese, M. and Stren, R. (2000) *The Social Sustainability of Cities: Diversity and the Management of Change*, Toronto: University of Toronto Press.

· Ponzini, D, (2013) 'Branded megaprojects and fading urban structure in contemporary cities', in G. del Cerro Santamaria (ed.) *Urban Megaprojects: a Worldwide View*, Bingley: Emerald.

· Porter, M. (1998) 'Clusters and the new economics of competition', *Harvard Business Review*, 76(6): 77-90.

· Pratt, A. (2000) 'New media, the new economy and new spaces', *Geoforum*, 31: 425-436.

—— (2002) 'Hot jobs in cool places: the material cultures of new media product spaces: the case of the south of market, San Francisco', *Information, Communication and Society*, 5(1): 27-50.

—— (2004) 'Creative clusters: towards the governance of the creative industries production system?' *Media International Australia*, 112: 50-66.

—— (2005) 'Cultural industries and public policy: an oxymoron?' *International Journal of Cultural Policy*, 11(1): 31-44.

—— (2006) 'Advertising and creativity, a governance approach: a case study of creative agencies in London', *Environment and Planning A*, 38: 1883-99.

—— (2009) 'Urban regeneration: from the arts "feel good" factor to the cultural economy: A case study of Hoxton, London', *Urban Studies*, 46(5/6): 1041-61.

—— (2011) 'Microclustering of the media industries in London', in R. Picard and C. Karlsson (eds) *Media Clusters*, Cheltenham: Edward Elgar.

—— (2012) 'A world turned upside down: the creative economy, cities and the new austerity' in *Smart, Creative, Sustainable, Inclusive: Territorial Development Strategies in the Age of Austerity*, London: Regional Studies Association.

- Putnam, R. (2000) *Bowling Alone: The Collapse and Revival of American Community*, New York: Simon and Schuster.
- Rausch, S. and Negrey, C. (2006) 'Does the creative engine run? A consideration of the effect of creative class on economic strength and growth', *Journal of Urban Affairs*, 28(5): 473-89.
- Roche, M. (1998) 'Mega-events, culture and modernity: Expos and the origins of public culture', *International Journal of Cultural Policy*, 5(1): 1-31.
- Romer, R. (1994) 'The origins of endogenous growth', *Journal of Economic Perspectives*, 8(1): 3-22.
- Royseng, S. (2008) 'The ritual logic of cultural policy', paper presented at the Fifth International Conference on Cultural Policy Research, Istanbul, 20-24 August. Available from www.warwick.ac.uk (accessed o1/12/13).
- Sassen, S. (2001) *The Global City: New York, London, Tokyo*, Princeton NJ: Princeton University Press.
- —— (2006) *Cities in a World Economy*, third edition, Thousand Oaks CA: Pine Forge Press.
- Scott, A. (2000) *The Cultural Economy of Cities: Essays on the Geography of Image-producing Industries*, London: Sage.
- —— (2005) *On Hollywood: the place, the industry*, Princeton NJ: Princeton University Press.
- —— (2006) 'Creative cities: conceptual issues and policy questions', *Journal of Urban Affairs*, 28(1): 1-17.
- Scott, A, and Power, D. (2004) *Cultural Industries and the Production of Culture*, New York: Routledge.
- Silver, D. (2013) 'Local politics in the creative city: the case of Toronto', in C. Grodach and D. Silver (eds) *The Politics of Urban Cultural Policy: Global Perspectives*, London: Routledge.
- Smith, N. (2003) 'New globalism, new urbanism: Gentrification as global urban strategy', in N. Brenner and N. Theodore (eds) *Spaces of Neoliberalism: Urban Restructuring in North America and Western Europe*, Oxford: Blackwell.
- Stern M. and Seifert, S. (2000) *Cultural Participation and Communities: the Role of Individual and Neighborhood Effects*, Working Paper #13, SIAP: University of Pennsylvania.
- —— (2010) 'Cultural cluster: the implications of cultural assets agglomeration for neighbourhood revitalization', *Journal of Planning Education and Research*, 29(3): 262-79.
- Stolarick, K. and Currid-Halkett, E. (2013) 'Creativity and the crisis: the impact of creative workers on regional unemployment', *Cities*, 33: 5-14.
- Stolarick, K. and Florida, R. (2006) 'Creativity, connections and innovation: a study of linkages in the Montreal region', *Environment and Planning A*, 38: 1799-817.
- Stolle, D. and Rochon, T. (1998) 'Are all associations alike? Member diversity, associational type and the creation of social capital', *American Behavorial Scientist*, 42(1): 47-65.
- Sudjic, D. (1993) *The 100 Mile City*, London: Harcourt Publishers.
- Thomas, N., Harvey, D. and Hawkins, H. (2013) 'Crafting the region: creative industries and practices of regional space', *Regional Studies*, 47: 75-88.
- United Nations (2011) *World Population Prospects: The 2010 Revision*, New York: United Nations.
- UNESCO (2013) *The Creative Economy Report: Widening Local Development Pathways*, New York: UNESCO.
- van de Geyn, B. and Draaisma, J. (2009) 'The embrace of Amsterdam's creative breeding ground', in L. Porter and K. Shaw (eds) *Whose Urban Renaissance? an International Comparison of Urban Regeneration Strategies*, London: Routledge.
- Waitt, G. (2004) 'Pyrmont-Ultimo: the newest chic quarter of Sydney', in D. Bell and M.

- Jayne (eds) *City of Quarters: Urban Villages in the Contemporary City*, Aldershot: Ashgate.
- Waitt, G. and Gibson, C. (2009) 'Creative small cities: rethinking the creative economy in place', *Urban Studies*, 46(5/6): 1223-46.
- Wood, P. and Landry, C. (2008) *The Intercultural City: Planning for Diversity Advantage*, London: Earthscan.
- Yeoh, B. (2005) 'The global cultural city? Spatial imagineering and politics in the (multi)cultural marketplaces of South-east Asia', *Urban Studies*, 42(s/6): 945-58.
- Yudice, G. (2009) 'Culture-based urban development in Rio de Janeiro', in R. Biron (ed.) *CITY/ART: The Urban Scene in Latin America*, Durham NC: Duke University Press.
- Zukin, S. (1982) *Loft Living: Culture and Capital in Urban Change*, Baltimore: Johns Hopkins University Press.
—— (1995) *The Culture of Cities*, Oxford: Blackwell.

CHAPTER

第五章
国家文化政策

National Cultural Policy

2013年夏天发生的两则新闻成为了我们讨论文化政策和国家问题的切入点。首先是法国总统弗朗索瓦·奥朗德提出对智能手机、平板电脑和笔记本电脑征税，所得税款将用于资助法国的文化产品——音乐、艺术和电影。（Willsher 2013）此建议经过九个月的协商讨论，由一个"特别文化委员会"与另外75位专家共同提出，亦即保护法国的"文化例外"（cultural exception，指保护产品、尤其是视听产品的文化特性——译注，见第六章）。另一条新闻则聚焦英国文化部长玛丽亚·米勒。该报道提出对米勒执政能力的质疑，讽刺其将成为英国最后一任文化部长——甚至主张解散由工党于1997年建立的英国文化、媒体和体育部（DCMS）。对于米勒的质疑以及撤销DCMS的主张是在英国财政紧缩以及缩减政府资金的阴影下发生的——艺术通常也成为了这种削减的柔性目标。（Higgins 2013）

可以看到，一方面是对文化的保护，另一方面是国家削减对文化的资助以及对设立文化部门目的的怀疑。类似的新闻故事在国家政策的历史中不断发生：在艺术与文化方面，国家应扮演的正确角色是什么？国家该如何介入？以保护或推广为手段的国家基础构架是"管理"文化的恰当机制吗？本章，我们将通过对国家层面的关注来解决以上的问题。对文化政策及其研究而言，国家似乎是"自然之家"（natural home），但正如我们所见，对于民族国家的角色及其演变，学界仍存在相当大的分歧。我们的讨论也将考量研究国家文化政策的方式，即：以单个国家为"案例研究"的考察对象，同时进行比较研究。我们将从国家文化政策中最著名，也最具争议的方面开始：利用文化为赞颂国家服务。

大国家（Grand National）

在过去不到二十年的时间里，英国已为两场耗资巨大、规模空前的活动提供了平台：以巨蛋为中心的千禧年庆典；主办2012年伦敦奥运会。这两项活动皆以国内外受众为目标；且以塑造英国的良好形象为目的，旨在把英国（至少）塑造成大型活动的有力组织者，以及（最大限度地）成为全球文化的重要参与者。主办所谓的大型活动（mega-events）是文化政策中一种常用且历史悠久的策略。（Roche 2000）一条时间轴把1851年的万国工业博览会、1951年的"英国节"以及"千禧年体验"联系了起来——尽管事实上，每项活动的背景和动机都各不相同。（McGuigan 2004）如果说博览会是"一个国家的呈现"（Auerbach 1999），那么英国节则呈现了"一个国家的自传"。（Conekin 2003）二者都成功地面向国内外，并置于英国制度的背景之下（诚然，1951年的英制背景与前一个世纪相比，并不是一回事）。回顾世纪之交的节点，彼时呈现了一个与众不同的全球和国家的背景——建设"巨蛋"场馆与英国承办全球性大型活动的历史是一脉相承的。时任首相托尼·布莱尔表达了雄心壮志：

> 这是一场如此炫目、如此美丽、如此鼓舞人心的庆典活动，它有助于展现当下英国人民的自信、冒险主义以及未来精神，它注定成为英国迎接世界的契机。

（Blair 1998，引自McGuigan 2004: 77）

在演讲中，通过追溯一系列英国化的"例外主义"事件，布莱尔明确地将千禧年庆典与1951年的英国节和1851年的万国博览会作比较：他试图用过去的历史来证明对相关庆典的批评是错误的；同时，重申了英国在世界舞台上的地位。

吉姆·麦克圭根曾将此类项目与国家对文化的三种"不当"利用联系起来；雷蒙德·威廉姆斯（Williams 1984）也在一篇重要的评论中强调国家对文化的不当利用，我们在本书第二章中已经提到：威廉姆斯批判了利用文化"放大"国家形象的倾向。大型活动，包括与皇室有关的典礼（如加冕礼、皇室婚礼以及洗礼和葬礼等）、几年一次由不同国家及地区承办的活动（如奥运会），以及为国家形象宣传服务的不同形式的投入和文化推广都是国家文化展示的重要形式。所塑造的国家形象对内唤起民族自豪感，同时向世界宣告英格兰人是多么伟大。尽管"放大"国家形象是全球普遍的文化现象——任何民族都不会贬损本国的文化成就——但在国家文化政策发展史上，还是有一些国家比起其他国家而言，更积极地使用"放大"这一手段。在此类报道中，法国经常被当作热衷于自我宣传的急先锋，尤其体现在总统密特朗执政时期其任命的文化部长杰克·朗提出的所谓"大工程"（grands projets）战略。（Looseley 1995）"大工程"战略包括投入建设主要文化机构的场馆，特别强调建筑物的"伟大"。这一时期的工程包括翻新和改造卢浮宫、巴士底歌剧院和国家图书馆。正如大卫·卢斯利所总结的，修建或翻新文化机构（建筑）的主要目标是"重申并重新定义国家文化"——正是其构建了法国文化的独特之处（或文化例外）。（同上: 139）本章开头言及对平板电脑征税的提案，我们在此看到了"文化例外"的孪生观念之一——法国文化是特殊的——需要国家保护或者干涉，以防止损害或威胁文化例外的各种形式（"文化例外"的经济概念——文化产品是"特殊的"并应和其他商品相区别，见第六章）。卢斯利在这部分中写道，密特朗的雄心是"以恢复法国的民族自信来激发法国社会自身的活力"。而在后文我们将看到，"例外"的这种特殊意义笼罩着许多国家的文化政策。此外，在对国家层面的分析中，国家需要干预以确认民族认同的概念再次出现。我们将讨论国家文化政策的核心是一种工具论的特殊形式：利用文化，创造并不断地重申民族认同。

想象的共同体、创发的传统、日常民族主义

> 民族国家创造了全新的、前所未有的文化和文化政策机构。在民族国家的新时期，文化政策本质上就是塑造并管理国家的文化秩序。其重要目标是为民族共同体创造归属感和忠诚度。
>
> （Robins 2007: 150）

文化与民族的形成有明显的关联，所以文化常被用来定义民族。在探索国家建构与民族身份的历史时，研究者经常把各种形式的文化视为民族的"粘合剂"，文化界定了其"民族性"。此处一个重要的概念是，"民族"即为一个想象的共同体（Anderson 1991），是使人凝聚在一起的富有想象力的导向，也可归结为文化的自我认同。历史学家提醒我们，民族是"虚构"的，因此，民族身份认同的核心叙述方式可以把文化生产与消费集中于民族

形成的历史过程中（DeVereaux and Griffin 2013; Minnaert 2014）。鉴于文化在提供想象资源以及简化各种形式的"认同工作"方面所发挥的作用，我们可以看到"文化即展示"的形式如何把想象的民族成员联系在一起，即如罗宾斯所说的"民族想象"。上文强调的大型活动是这个功能的一部分：在英国，通常将1953年伊丽莎白女王二世的加冕礼视作一项重要的现代民族凝合活动，由当时新兴的文化技术（电视）展现。（McGuigan 2004）

在国家至上的崇高时刻，无论是皇室的、体育的还是其他类型的活动，都围绕着电视进行公共集聚，可以称为理解文化的国家项目的第二种有用方式："发明传统"的概念。（Hobsbawn and Ranger 1983）在此我们看到了受文化影响的国家建构的部分功能用来对民族历史进行再发现，以此面向当下和未来的国家建构。随着时间的推移，这些传统的"发明"变得苍白无力，成为了民族日常文化生活的一部分，并未得到凸显。在现代社会中，电视（特别是能覆盖全国的电视台网络，如BBC）已成为了发明新传统的重要空间。电视可以通过报道国庆时刻，从而恢复民族自信心。

当然，这些时刻对争议和拒绝是开放的——近年来，王后圣诞节（Queen's Christmas Day）电视演讲的发明传统已被其他频道所"取代"——但是在重复中，他们却悄悄地完成了重要的工作，这提醒我们，不管愿意与否，我们仍属于一个具体的民族（当然，也提醒"另一些人"，你们不属于某个具体的民族）。尽管国家媒体提供者之间存在理念上的差异，但是每天看电视新闻和阅读国家报纸强化了"民族性"的意义。关于BBC作为英国"国家广播"的作用及其价值的持续讨论，可能会让国家（nation）看起来好像趋于破裂，至少在其日常的媒体实践中是如此；但争辩的事实本身就成了一种发明的传统，一种何为英国的集体反思，并已拥有一家英国广播电视公司，它也意味着当下。（O'brien 2013）对BBC收视费的吐槽和对"BBC老阿姨"（Auntie Beeb，英国民众对BBC的爱称）的喜爱，都成为全民大讨论的一部分。

对共同体的大量想象和对传统的大量发明生发于日常生活之中；尽管特别事件可能会成为被重新构想的国家时刻——在英国最近的历史语境中，戴安娜王妃的葬礼被屡屡提及——文化国家建构由许多微不足道的行为或日常民族主义构成。（Billing 1995）对不同的国家体育运动队的追捧可能是一个明显的例证。甚至大型活动和大型工程也包含有某些日常民族主义的要素，尤其是在全球化背景下，它们试图"重建"民族。更重要的是，围绕着被提议的大型工程（包括重要时刻）的全民大讨论同样有助于重申什么是国家价值。（McNeill and Tweder-Jones 2003）无论喜爱还是厌恶，一个标志性的文化机构的建筑物很快就成为了"陈设"国家价值的一部分。

除此以外，在通过文化来定位民族认同方面，国家的态度可能是"放任自流"；这本身就是一种日常民族主义，因为它强化了国家政治文化的功能，也因此言说民族认同：*我们不希望政府干预诸如文化领域的国家生活*。在更宽泛的意义上，文化政策因此成为了民族性的一个衡量标准——它的实施体现了文化和民族国家的立场。

国民性

> 在任何国家和文化政策的法律的和行政的表层下，存在不同历史轨迹、战略抉择、经济前提及其民族目标地区的独特文化特质的混合。
>
> （Häyrynen 2013: 623）

为了理解国家文化政策，我们需要理解民族，其文化是制定国家政策的目标。这很简单，并没有孰因孰果的问题需要解决。在实践中，从民族文化的角度来解读文化政策可能是一项复杂的工作。然而，它却是国家文化政策研究的一种重要方法。马克·舒斯特（Schuster 2002）将其称为文化研究中的"描述性文献"：单一的"案例研究"，在民族文化、国家政治和国民性的语境下，描述了文化政策的形成。法国文化政策的"法国性"——勇敢、中心化、极度傲慢、反美——与英国的文化政策中较为温和（但仍奉行干预主义）的特征形成鲜明对比，并对美国的文化政策（一般而言由政府主导）带有明显的蔑视（尽管这种美国政策的观念本身就存在着争议，我们将在随后的章节中看到）。正如凯文·马尔卡希所说（Mulcahy 2000: 138），在老套的观点中，"美国政府经常被认为推行吝啬的和清教徒式的文化。相反，传统观点视欧洲的国民政府为长期、慷慨的文化资助人。"正如这个声明所示，它通常是描述国民性的文化赞助的方法。在探讨该主题的文集《谁为艺术买单》（*Who Is to Pay for the Arts*）中，这个问题已经被提出来了。（Cummings and Schuster 1989）

在讨论英法两国文化政策的差异时，卢斯利注意到民族认同之外的一个重要方面：对"他者"的定义并不像"我们"。他写道，"人们注意到，英国艺术圈经常将法国视为有趣的'他者'，一种确保了英国人关于他们思想的基本'常识'"。（Looseley 2011: 366）同时，他注意到英国的艺术部门有时候好像很羡慕英吉利海峡对岸的法国，因为法国的相关部门对文化投入毫不吝啬，这一方面英国不可与之匹敌。现在，卢斯利又迅速地提醒我们，这些观点仅仅是涉及国家的陈旧老套的观念（关于海峡两岸英法两国在文化政策方面的差异）。尽管如此，"描述性文献"试图解释的是不仅能反映政治文化的，而且还能反映更宽泛"国民性"观念的国家文化政策。因此，美国所指的缺乏"国家级的"文化政策至少部分归因于对"大政府"（Big Government，样样都管的政府——译注）的厌恶，因为大政府本身是政治与文化不分的。无论这种缺乏所指的真相是什么，它仍然重复性地出现在不同话语中——包括文化政策研究中——继续其日常民族主义的独有行为，即重申一些美国国民性、政治以及文化政策等诸多方面的事情。

解决这个问题的一种方式依赖于类型学的发展——分类框架能使研究人员对文化政策进行分类和秩序化。最知名并被广泛应用的分类方式可能是沙特朗和马高喜的艺术赞助的四种类型（见表5.1）。

表5.1　艺术的国家赞助模式

国家角色	代表性国家	政策目标	基金制度
推动者	美国	多样性	免税
资助者	英国	精英	公平制度下的艺术委员会
建造师	法国	社会福利	文化部
工程师	苏联	政治教育	艺术生产方式的所有权

(Bordat 2013)

在该模型中，美国例证了一个"推动者型国家"的角色，以免税或捐赠的方式为艺术提供资金（通常以资金分配为杠杆）；而英国作为"资助者型国家",将文化政策的实施转移到所谓的独立机构中;与此同时,法国作为"建造师型国家",直接利用国家官方机构,旨在通过艺术来提高社会福利;苏联作为"工程师型国家",直接控制艺术生产。与任何模型一样,这个看似简单的矩阵隐藏了相当多的重叠和模糊性;如博尔达(Bordat 2013)所示,当他试图将这个矩阵网格运用到拉美国家,特别是尝试分析墨西哥时,操作起来却并不尽如人意。卢斯利(Looseley 2011)评论道,在当下,英法两国的文化政策模式可以认为是趋同的——尤其是在平衡普及优质的政策目标方面,可能更多地倾向于法国的方法。显然,在这种简洁有序的四重分类之外,还有"其他"文化政策模式,例如北欧模式——尽管以艺术自由和文化民主为基础,但其也对更为复杂的地域图景进行整理。(Dueland 2008; Mangset et al. 2008)尽管有着这样那样的警告,他仍对北欧模式进行了如下描述:

- 福利导向(艺术的福利角色和对艺术家的福利支持等方面);
- 与公共部门密切关联的强大的艺术家组织;
- 高等级的公共补贴,同时对市场和私人集资提出了质疑;
- 以强调普及性为特征的平等主义文化生活;
- 文化政策在民族认同方面发挥了重要作用;
- 扩大"文化"定义,把体育等领域纳入其中;
- 将权力下放到地方和地区一级;
- 国家文化政策管理的"推动者"和"资助者"模式混合——组建强有力的文化管理部门和艺术委员会。

彼得·杜兰德(Peter Dueland)对这个模式进行了有意义的批判,即强调北欧国家的差异性,并随时间的变化而不断变化。特别值得注意的是,自21世纪初以来,他看到了"在官方文化政策中,民族维度上的大众觉醒"——这使他推测国家文化政策可以被视为转变民族主义思想观念的象征。像一些北欧国家,比如丹麦,就在重新让文化政策关注"丹麦性问题"。(Dueland 18)这种转变如何改写或重塑北欧模式是一个有待持续研究的问题。

从超国家或地区的层面而言,研究者已尝试对欧洲文化政策进行分类。

李斯·乌尔德莫林斯（Rius Ulldemolins）和鲁迪奥·阿罗斯特吉（Rudio Arostegui）在欧洲类型学谱系的基础上提出了另一种四重矩阵，它叠加于前面提到的北欧模式的变体中。这个类型群体包括（i）欧陆模式（法国再次成为典范）；（ii）斯堪的纳维亚模式（一种北欧模式的重新命名）；（iii）央格鲁撒克逊模式，以及（iv）地中海模式。然而，在随后关于西班牙案例的讨论中，他们看到了一幅非常混杂的图景（马德里更像类型i，巴塞罗那则更像类型iii）。类型学的弊端非常明显：虽然它们提供了一套简洁的方格，使我们可以利用它们对国家文化政策方法进行分类，而在现实中，很难发现这样合适的方格。当然，一种方案是重新调整分类方格，直到一切都合适为止：凯文·马尔卡希不断地回到这个问题上，重新设定类型并重新命名方格。在2006年的一场讨论中，他提出了文化价值体系的四重分类法，包括：文化遗产（以法国为代表）、身份（以魁北克为代表）、社会福利（以北欧为代表），以及自由主义者（以美国为代表）。他设计了一个与之前略有不同的类型（见表5.2）。

表5.2　公共文化与文化赞助体系的类型

公共文化的模式	代表性国家	文化管理	文化基金模式	文化政治
民族主义	法国	中央集权	补贴制	领导权
社会民主主义	挪威	地方主义	津贴制	再分配
开明主义	加拿大	协商制	拨款制	主权制
自由主义	美国	多元化	免税制	私有化

（Mulcahy 2000）

诚然，再划分、再分类以及再命名给予了我们思考特定的国家文化政策框架之间相似性与差异性的不同方式。但是，增加更多的类型选择、变更方格，可能会导致混乱。尽管钟爱四重网格，不过我们可能已经开始质疑这种鲜明的简洁了。我们真的能把世界各地的文化政策（或各个国家的文化政策）装进四方格中吗？

一种解决方案是简单地再增加方框。国家文化政策的"新"模式被描述出来并由此而创造出新的方格，它混杂了既有形式：在日本，川岛信子（Nobuko Kawashima 2012: 296）认同在文化赞助中，由于企业参与而导致了新的文化政策的诞生：文化赞助的最初模式，源自美国传统的企业慈善事业，以及欧洲（公共部门是文化政策的重要参与者）主要是商业化的和普遍的艺术赞助。

国民性与日本文化有助于解释这种新模式：企业参与艺术不是以商业利益为目的，而是旨在促进更广泛的社会福利，并且这种社会福利被认为是对企业有利的；因此它也被认为是一种明智的"利己主义"（同上），符合日本企业文化的宽泛定位。此外，我们可以继续这样创造新的方格；只是，到底还需要多少方格呢？

当然，文化政策与国民性的关联不仅仅在于类型学和方格模型。正如我们早些时候所提到的，有一种对这种关联更宽泛的认识：同英国人和日本人一样，丹麦人必然也会拥有他们自己的文化政策。民族认同既是文化政策的出品人也是文化政策的生产者。有时候，文化政策的介入，在国内或国外，可能试图重新定义国民性或固定一个国家的形象。在此方面，佩尔蒂·阿拉苏塔芮（Pertti Alasuutari 2001: 174）讨论了20世纪八九十年代关于芬兰人"坏形象"的争论，其被称为"不文明、闹腾的醉鬼"，特别是当他们身处异国时，这一坏形象尤为突出。在此，文化政策被视为一种危机干预法，通过艺术和教育政策，来"纠正"芬兰民族的外在形象。阿拉苏塔芮还写道，人们甚至认为需要将芬兰重新定位于欧洲，而且这种重新定位部分包含了"支持符合欧洲古典标准的艺术"（同上: 175）。在国民性及其荣誉的语境中解决文化问题，米尔斯尼·佐尔巴（Myrsini Zorba）探讨了二战结束后的希腊文化政策。此处主要依据遗产，一个强烈的民族文化观念在不同时期被认定并被用来适用于不同的政治目标，因为希腊在地缘政治上被重新定位，精英文化和流行文化也被重新评估。如佐尔巴所述，希腊的古老历史既是对这个国家的祝福，又是对这个国家的诅咒；因为即使在现代化时期，"希腊性"的重新定义也必须面向过去。在政策领域，必谈希腊性——因此，希腊文化政策的希腊性成为了谈判的体现。如前所述，希腊性的关键要素是政治文化，文化政策在其中孕育。佐尔巴告诉我们，战后的希腊文化政策"依赖于当时具体的政治环境"：政策和政治互动。

政策与政治学

> 理解一个国家的文化政治，必须首先理解它的政策文化。
>
> （Ridley 1987: 225）

单一场域研究的描述性文献一次又一次地回归到（文化政治与政策文化之间的）相互影响上。博尔达总结了这一重要的问题："政治变化会影响文化政策吗？"（Bordat 2013: 236）通过对2000年墨西哥的重大"政权更迭"事件的关注，她得出了令人惊讶的结论："墨西哥的文化政策遵从了一条特殊路径，它不受其目标和政府组织的变化的影响；因此，尽管2000年政权更迭，墨西哥的文化政策几乎没有变化。"（同上: 241）她总结道，文化政策的变化并不容易。为什么会是这样呢？

为了弄明白"政权更迭"对文化政策的影响，我们需要回到对政策过程的理解上来，并回忆一下政策过程的主要参与者。在很多情况下，政策的制定者及其实施者是官员，而不是政治家；因此，政权更迭变化并没有必然地影响到他们的工作。当然，新政府上台时可能会废除现有政策同时创立新政，以表明其全新的方向。如果既有政策与前政府的联系过于紧密，那么废除既有政策就变得具有政治意义了；如果文化政策被视为沾染了过多的思想观念，那么即使再成功和再流行的政策也不能不受政治更迭的影响。戴夫·奥布莱恩（Dave O'Brien 2012）举了一个英国自由泳计划的例子——新工党体育（与健康）政策（并提出了奥运后遗症）的一部分，是向地方政府拨发1.4亿英镑为16岁以下和60岁以上的国民在市政游泳池提供免费课程。即将上台的联盟政府很快放弃了这项计划，因为该政府以削减支出为其目标（奥布莱恩解释说，经济方面的理由被凸显，部分掩盖了政治的和思想观念方面的原因）。

然而，在墨西哥的例子中则呈现出完全相反的事实：政权更迭并没有导致文化政策的突变。正如政策研究者们所表明的，政策在被采纳并实施时投入了大量资金，废除并非易事。因此，一项政策可以有效地被改变、消除其以前的政治底色，并得到新政府的支持。在一项关于1990年至2010年芬兰文化政策的研究中，西蒙·海宇吕宁（Simo Häyrynen 2013: 626）得出了类似的结论："尽管议会权力关系以及文化部长的思想观念背景的变化相当大，但是并没有改变政策的进程。"回想英国的情况，肯·沃博尔（Ken Worpole 2001: 245）总结道："在过去五十年的国家文化政策中，政策与实施的连续性远远超过了发展或变革的进程。"如她所说，1997年新上台的工党政府有效地继承了前任保守党政府业已计划好的千禧年庆典，把它变成了一个标志性的"工党"项目。同样，联盟政府也继承了2012年的奥运会项目。显然，让文化政策这样的巨擘暂停下来几乎是不可能的，因此，最好是将党派政治与文化政策分开，并将文化政策继续推行下去。尽管我们可能臆想到党派之争会让国家文化政策脱胎换骨，但实证研究证明我们有时是错的：凯特·麦克尼尔（Kate MacNeill 2013）及其同事对澳大利亚20世纪40年代以来艺术资助与政党观念的关系进行了研究，他们惊讶地发现二者之间并不存在必然关系，正如他们所说，"在工党政府与政府对艺术赞助之间存在一种（臆想的）关联"，由此，"政府自身的独特性与政党的信仰同样重要"（MacNeill et al. 2013: 3,15）。此外，他们也确实发现了政府的审查与支出存在相关性；因此，政府启动了对艺术资助的审查，可能正是因为这类审查，从而增加了其对艺术的支持力度。

有意思的是，上文所述的类型学不能准确地描述党派政治。它们假设了政权更迭不会对国家文化政策的特征产生重要影响；尽管具体情况肯定会有党派政治的色彩；但无论是共和党还是民主党执政，美国都是一个推动者型的国家。当然，政治变化可能是导致某个具体国家从这个方格子移到另一个方格子的必要条件：将英国的文化政策从赞助人型转换成建造师型时，它是如何变得更具"法国化"的？

因此关于这个问题我们说的最多的似乎是：有时政府发生变化，文化政策亦随之变化；有时则不然。有时一项政策与当选政府密切相关，另一些政策却不受党派政治的影响而得以延续。这要么是因为它们不被意识形态的外衣所累，要么是因为它们可以接受新政府重新包裹的外衣。有时党派政治的明显波动与变更都具有连续性：在英国，新工党政府可能会把先前的国家遗产部（DNH）重新命名为DCMS，而实际上，已有政策仍延续着。在撰写本文时，尽管DCMS仍然存在，可正如我们在本章开头所指出的那样，其未来依旧充满变数。在国民性与文化方面,即使评审团迄今为止仍不了解DCMS有何作用;但这个可能被解散的部门是肯定会大大异于法国的。(Gray and Wingfield 2011)在某种程度上,这种关于DCMS的不确定性与英国艺术和政府集聚(或分离)的方式有关——通过使用所谓的"公平原则"的方式。

一臂之距有多长?(An Arm's Length)

政策(尤其在文化领域)延续的部分原因,可能是由于政府在文化事务管理方面的直接参与受到限制(至少在英国是如此)。幸亏"一臂之距"原则的发明,英国政府及其追随者们能让自身与棘手的决策保持一定距离,而文化部门在某种程度上(据说)是不受政府干预的。罗伯特·赫森(Robert Hewison)认为,尽管"一臂之距"原则只出现在20世纪70年代文化政策的字典中,但在英国其源头则可追溯到1919年:一个名为"大学教育资助委员会"的机构得以建立,它是未经选举而产生的,负责分配教育经费。[01]随着1946年英国艺术委员会(ACGB)的成立,这一原则被引入到艺术政策中,并让政治家与艺术家保持了一定的距离。

然而,批评家们再次质疑,英国的"一臂之距"其实"非常短"(意指并不公平——译注)——雷蒙德·威廉姆斯(Williams 1979)扩展了这种身体化的比喻,指出身体(政府)其实控制着胳膊的所为。威廉姆斯在文章中回到了国民性的问题上,特别是英国统治阶级的个性:由非选产生的艺术委员会成员也是统治精英阶层的代表,就像他们被认为远离政治家一样。正因如此,威廉姆斯总结道:"他们表现得好像他们确实是国家官员。"(Hewison 1995: 33)艺术委员会的形成、"一臂之距"原则与国民性之间关系的表述,源自一个非常独特的角度。其缔造者约翰·梅纳德·凯恩斯(John Maynard Keynes)于1945年评论了这一过程的"英国化"程度:"一件重要的事情发生了。对艺术的国家赞助在蔓延。如你所愿,它以一种非常英国化的、非正式的、朴素(半生不熟)的方式发生。"(同上: 44)所以,从一开始,这个公平的艺术委员会模式就充满了英国性——并且它继续定义了英国文化政策在今天所处的位置。

然而,"一臂之距"原则的相对优点与缺点一直都存在争议,而且原则的确切本质也不断遭到批评：在国家遗产部的时代里，该原则被重新描述为"保持一定的距离，但是仍在手上"（Gray 2000: 148）；尽管艺术委员会临时主席克里斯多夫·弗雷林爵士以讥讽的口吻说，在21世纪初，"一臂之距"已经缩短为"米罗的维纳斯"手臂的长度（米罗的维纳斯是断臂——译注）。（Alexander 2008: 1424）无疑，在艺术界，人们对这只手臂的实际长度表示怀疑。（Gray 2008; Quinn 1997）然而，艺术可能是政治家们非常敏感的"特殊实例"，我们也需要理解"一臂之距"原则展示了一种宽泛的、关于恰当等级与介入形式的历史观点：英国艺术委员会的建立需要结合战后的政治气候，特别是福利国家的形成加以理解。（Gray 2000; Hewison 1995）因此，英国的"一臂之距"是独特的；在其他国家，如从苏联的工程师模式到美国的推动者模式，国家参与文化所起的作用差异很大。也就是说，在不同的语境中，手臂的长度也有所变化。

例如在美国，一般而言联邦政府对艺术实行放任的态度。在其所扮演的推动者角色中，国家已为私人赞助和慈善事业创造了空间，即以税收优惠的方式来鼓励私人赞助和慈善事业的发展——有评论人称之为"独特的美国"方式，比如：20世纪30年代的艺术新政计划和1965年国家艺术基金（NEA）的成立——米勒和朱迪斯认为，美国"实际上在联邦框架内发明了现代文化政策"，可将之追溯到18世纪晚期。（Mulcahy 1987）尽管他们重复了一个经常被引用的反驳，这源自20世纪60年代的美国总统尼克松——"艺术不是我们的人民"。米勒和朱迪斯讲述了一个更为复杂的国家艺术基金故事，其中也包括了20世纪80年代后期出现的臭名昭著的事件，即基金会被诟病对色情艺术进行补贴。然而，在它的设计中，国家艺术基金编造了美国版的"一臂之距"，同样试图通过一个复杂的官僚结构的创建，将政治从基金会建立过程中"脱离"出来。（Mulcahy 1987: 315）当然，在美国的案例中，文化政策还有相当程度的权力下放。

衡量"一臂之距"也为分类和整理提供了另一种可能性。马塔拉索和兰德里描述了国家文化政策中评估各种所谓"战略困境"的连续统一体，其中一项是关注国家基金的分配：它应该由国家直接控制吗？为适应这个连续统一体，克里斯托夫·马登（Christopher Madden 2009）明确地将其与"一臂之距"原则联系了起来。马登表明了"一臂之距"原则的主要特征是如何分布到马塔拉索和兰德里的连续统一体中的，比如，谁负责决策：它的一端是"普通公民"，另一端则是被任命的部长。显然，从前（普通公民）向后（部长）转移得越多，其手臂就变得越短。马登还注意到了很大程度上对"一臂之距"原则的概念混淆，包括其作为原则的地位的混淆以及基于（i）自主资助机构出现的界定与（ii）同行评估决策的界定之间滑动的混淆。"原则"被视为一种理想类型，尽管在实践中很难实现（Quinn 1997），然而评估表明融合趋向于一种艺术赞助的混合模型——把艺术委员会与部门相结合的方式。（Schuster 1985;Madden 2009）在像英国这样的国家中，这种混合模式在政策中涉及缩短手臂的长度（独立机构与官方行政部门融合而影响公平原则——译注），以及至少部分归因于更宽泛的趋势，例如"新公共管理"与"文化工具论"的出现。我们将会看到，在国家文化政策形成的比较研究中，重复了这种融合叙事。

迄今为止，我们主要考虑了与艺术资助相关的"一臂之距"原则。当然这肯定也是学术和政策制定关注的重点。然而，在20世纪八九十年代的国家艺术基金的案例中，国家对文化的资助不可能不考虑其他因素——既然如此，审查问题是必然纳入考量的。即使不论手臂的长度，如果有一条可以追溯到政府那里的路线，国家就可以很容易地引发文化争议。因此，这开启了一个更大的问题：国家该如何"管理"文化生产与文化消费？

禁止、保护、推广

我们把国家对文化的作用简化为三种可能性：从主要功能方面而言，国家能够（i）控制、审查和禁止文化表达的形式，（ii）为民族文化提供保护，以及（iii）推广民族文化并在广泛的国家宣传中资助文化。当然，在现实中，这种分类是不清晰的。不过我们仍可寻找到一些实践了这三种角色的方法。

在禁止方面，最显著的活动是国家审查：在国家文化政策的"工程师"模式中，国家直接控制了文化生产方式并由此确定什么是非法文化，什么不是。所谓"领导文化"（Miller and Yudice 2002），指的是国家致力于推广文化的权威形式,以及监管那些被界定为非法的文化——此处禁止与推广并行不悖。即使没有明显的审查形式,对文化生产与消费的微妙控制亦会时常发生,比如,通过对某些文化进行资金倾斜而冷落其他文化类型的方式来控制文化生产和消费:我们可能会想到"柔性审查"。(Alexander 2008)

在保护方面,我们可以回忆一下本章开头提及的法国对智能手机征税的最新案例。国家文化政策的历史充斥着保护民族文化的无数尝试(既有成功的,也有失败的)。有些举措采取保留的方式,例如民族遗产政策是关于保护濒临消失的历史的政策。它旨在阻止来自外部的文化力量的"威胁",包括文化帝国主义、全球化以及市场。民族主义体现出的防御性显而易见,它试着保护并保存民族文化所谓的独特性。文物保护者与保护主义的主旨是修复和加固民族文化,打造一个民族遗产的博物馆。但在全球化时代,创建这样一个博物馆似乎是站不住脚的;同时,国家试着定义国家文化证明了焦虑的加剧:

> 在全球化的语境中,国家政策之目的实质上变得更加困难,本国的文化表达很难与好莱坞电影、高街时尚、流行音乐、MTV和CNN的影响区分开。当如此多样的艺术和文化通过日常途径进入民众生活时,文化机构反而好像并没有做出太多与之相应的举措。
>
> (Craik et al.2003: 29)

然而,在法国的案例中,文化例外的话语加剧了保护主义。在英国,电影领域继续尝试动员各种形式的保护对英国电影的构成加以定义;最近,创建一种"文化品味"的尝试,即电影制作必须审批通过才有资格获得税收优惠,却表明了创建文化品味的艰难以及文化保护主义的顽固。(Dickinson and Harvey 2005; Magor and Schlesinger 2009; Newsinger 2012)

英国电影政策的案例将贸易政策与文化政策相结合,产生了一种有趣的杂交:电影被视为产业,也被视为艺术。(Dickinson and Harvey 2005)因而在这里,保护与推广虽然采用了不同的方式,但殊途同归。这成为越来越为人所熟识的国家文化政策,因为文化具有"交易的"或"产业的"特性,比如创意产业的主导政策话语和转向经济的文化"工具论"。来自世界各地的民族研究表明，这一转变非常普遍：韩国学者权承豪和约瑟夫·金（Kwon and Kim 2013）在文化政策中描画了从国家审查到产业发展的转变；新加坡学者江莉莉（Lily Kong 2000）认识到国家越来越强调文化的经济议程（虽然这种话语受到了艺术家的抵制，艺术界维护艺术所承担的社会文化角色，拒绝国家的经济主义）。

同前面提到的融合一样，此处我们看到了在不同的文化语境中文化获得的宣传价值。注意，这里的"宣传"是双重的：国家扮演了"文化经理人"的角色，以贸易的或产业的方式"出售"文化；同时，文化又被用来宣传或"兜售"民族。被称为"韩流"的韩国流行文化的成功向我们讲述了两个故事——文化产业的经济价值的实现；以及韩流走向全世界的价值，具体体现在韩国流行歌手"鸟叔"的舞曲《江南风》（Gangnam Style）在全球的风靡。（Kwon and Kim 2013）这是一个关于韩国流行文化及其文化政策的特殊故事，但个案研究不仅仅是研究国家文化政策的分析框架。回想"鸟叔"和他的《江南风》，我们会明白一个熟悉的（实用的）工具化过程，国家从文化产业中获利。所以，超越差异性以及试图概括和比较国家文化政策（的研究）可视为决策和分析文化政策的另一种关键方法。

主题的变化

在本章前面的内容中，我们讨论了国家文化政策的类型及其模式，还没有真正探讨把这种分类系统应用于比较分析的研究之中。在浏览文献时，我们找到了关于国家文化政策比较的大量案例，其中一些例子明确地描述了早先所提到的文化政策类型。（Ulldemolins and Arostegui 2013）这固然很有意义：在随后的个案研究的"文献描述"中，下一步工作便是进行比较研究。然而，我们也发现了很多关于比较研究的荒唐或不具可行性的案例，颇具警示意味。戴夫·奥布莱恩（O'Brien 2013: 37）以强调"做政策比较研究工作困难重重"（尽管他并未详细说明）来证明他对英国文化政策的关注；类型学家凯文·马尔卡希曾直言："即便是对比较公共决策行为进行粗略概括，也是困难与风险并存的。尤其鉴于文化政策与民族历史和政策文化紧密相关。"

（Mulcahy 2000: 165）

在对马尔卡希《政府与文化赞助：美国、法国、挪威与加拿大的文化赞助比较分析》一书的书评中，杰里米·阿赫恩（Jeremy Ahearne 2013: 642）通过理解书中提出的"跨"国家的案例研究，并试图用此方法展开研究，却意外发现了"跨国家比较的困难"。（Poirrier 2011）他的结论是，它们提供了"一个同类故事的变体"。马尔卡希也得出了类似结论，即使在他调研的、看似多元的国家背景下，仍发现了三个一致的趋势，分别为：加强权力下放力度、强调文化独特性、提升市场化程度。这样的比较研究不仅仅发生在文化政策研究领域；安德烈亚斯·维斯桑德（Andreas Wiesand 2002: 370）也表达了对不同的政策制定者进行比较研究的兴趣，并注意到过去的三四十年间，在欧洲，政策制定者"对他们的邻居在做些什么以及情况如何是非常好奇的"。这句话很有说服力：对政策制定者而言，对比意味着判断其政策的"成功"与否。然而，他们又是争强好胜的：出于对"邻居"的好奇心，特别是如果"邻居"的政策施行得更好，可能会导致他们复制"邻居"的政策。如在第三章所讨论的，文化政策是流动的、"旅居式"的，它们可以从一个地方转移到另一个地方。创意产业话语及其政策的全球"旅居"可能是最值得讨论的范例；这种讨论往往也是对政策被"肢解""移植"于不同国家（或地区）背景的批评。（Cunningham 2009；Wang 2004）

这些"旅居"政策将我们带回到之前所提及的问题上：我们把国家文化政策仅仅或主要理解为是在国家内部运转吗——亦即，它是一项"国内"的文化政策吗？（Ahearne 2009）或者说，国家文化政策是否有一个外在维度——是否有放之四海而皆准的国家文化政策？在某些情况下，如在文化外交中（见第六章），文化政策确实是明确的外在导向。然而事实上，在国家文化政策的案例中，内外之分可能很难维系，这并非是因为上文所述的对"邻居"的好奇心。暂时回到文化创意产业上来：当工党政府产生"创意不列颠"（Creative Britain）和"酷不列颠"（Cool Britannia）的概念想法时，谁能将这些想法付诸实施？只向英国民众讲述英国自身如何有创意吗？还是向世界展示英国人的创新精神？回答可能是：二者皆有。国家文化政策既面向国内又面向国际，尽管二者之间往往处于紧张状态。（Minnaert 2014）用*联系*的眼光解读国家文化政策是至关重要的——这是在术语上的重要转变。关联

分析不会陷入简单对比或无从比较的泥潭——它考量特殊性和关联性，并在不同维度间开展研究。（Wang 2004）

"超越"国家

我们的国家文化政策之旅需要对之前所关注的焦点的理解作结。马克·舒斯特认为，"国家层面……是研究者和政策分析师首次进入该领域最自然的切入点"，在文化政策的研究和制定方面，国家级的自然性越来越受到挑战。就像莫妮卡·萨萨泰利（Monica Sassatelli 2002: 439）所言，由于文化政策的新单元和新目标成为焦点，国家作为"原子分析法"的基础性，正在从上到下遭到破除。在此，我们需要关注"次国家"（subnational）与"超国家"（supranational）两个层面；类似美国这样的国家，文化政策及其分析是在前者（次国家）的层面上展开，那里便是"重大活动的发生地"（Schuster 2002）；然而在世界其他地方，如欧洲国家，文化政策及其分析就是在后者（超国家）的层面上展开了。当然，这两种区域层级存在于与国家相关的交互中：分权或权力下放问题只能对施行了分权或下放权力的国家有意义，如欧盟（或其他类似的超国家区域聚合）这样的超国家形式由不同国家组成——那些赞同欧洲化的国家有时也表现出极端的差异性。

次国家文化政策

第四章在城市层面内研究了文化政策的问题；本章跳跃至国家层面的文化政策研究，越过了次民族层面中可能非常重要的政策形成。在美国，国家（联邦）与次国家（州）的关系非常清晰地表明了这一点。[02]马克·舒斯特关注美国国家级的文化政策，他认为在美国的语境中（但是他认为，其他地方甚至超越了具有联邦结构的国家），这是一个被忽视但却很重要的政策分析层面。在随后对美国华盛顿州的详细研究中，舒斯特和他的团队在次国家层面上呈现了丰富的文化政策"生态"。（Schuster 2003）这项研究进一步确认了次国家确实是"重大活动的发生地"这一说法。舒斯特解释说，"在州层面上对艺术进行直接资助是当下——且有一段时间了——政府直接援助艺术的重要方式，而非依靠联邦的直接资助。"当然，舒斯特注意到了更宽泛的适用性，美国只不过是一个特例，它具有联邦政府与州立政府的平衡性特征，以独特的方式表现出来。很多国家越来越倾向于分权和权力下放；因此，我们也能清晰地看到次国家层面就是一个重要的参与者和分析单元。如舒斯特所言："政府在政策制定和实施中的授权、分权与集权的举措对于了解政策如何在地方政府具体实施尤为重要。"（Schuster 2003: 5）

这种动机实际上在文化政策中早已被提到。（Selwood 2010）川岛野口（Noboku Kawashima 1997: 341）曾评论："权力下放在许多国家已成为文化政治的一个规范。"同时他也描述了三种分权形式：文化的、财政的和政治的。前者（文化）关涉"公平"或"平等"地向人群分配文化，是关于接受和参与的问题。财政权下放关涉资金的分配：公共支出的均等化（通常可弥补对大都市的批评）以及中央与地方对文化资助的财政分配的再平衡。最后是政治权力下放的问题，它关注非政府机构或中央与地方机构的权力再分配——"一臂之距"原则可被视为一种政治权下放的形式，它可使文化政策"区域化"或"本土化"（这是关于权力下放更好的想法）。川岛野口写道，权力下放是一种规范：在政策圈子里，它被认为是一件"好事"，也是一个崇高的政策理想。然而，政策形成的研究案例显示了实际的权力下放形式，通常是国家文化政策缺失的后果——例如西班牙（Bonet and Negrier 2010）和意大利（Montalto 2010）的案例。在后一个案例中，意大利试图取消权力下放，因为国家政策新方案的形式针对年轻艺术家群体而受到诟病，它与先前影响意大利文化格局的权力下放政策不一致。

在英国的案例中，在文化政策方面，国家、地区和地方层面的平衡随着时间的变化已发生了许多改变。萨拉·塞尔伍德（Sara Selwood 2010: 1）评论道："英国同时经历了地区主义的衰落和正在试验文化政策下放的政府的崛起，这是首次源自伦敦的独立运动之一。"关于艺术领域地区主义衰落的评论，兑莱夫·格雷（Clive Cray）描述了"中心"与"地区"的政治冲突，阐释了英国艺术政策的历史，从20世纪50年代的地方艺术协会的形成——及其与英国中央艺术委员会的矛盾关系——到20世纪90年代取代了十个地方的艺委会，这与英国艺术委员会的关系非常紧密，这一举动被格雷视为更加集权化的证据（20世纪80年代曾多次批评英国艺术委员会忽视了地方）。在20世纪90年代早期，委员会已经将权力下放到了英国、威尔士、北爱尔兰和苏格兰等地区；同时国家遗产部是于1992年成立的首个英国文化部，1997年变身为英国文化、媒体和体育部。1997年之后，工党政府执行了不同形式的区域议程，包括2004年区域文化联盟（RCCs）的成立，它也映射了区域发展机构和英国地区"新"地理学。（Lutz 2006；Ravenscroft 2005）2008年宣布撤销区域文化联盟，由国家艺术机构和区域发展机构负责监管地方文化。区域发展机构于2012年废止。同时，文化教育协会重组了地方业务，今天有五个地方委员会分别覆盖了伦敦、英国北部、中部、西南部和东南部地区。

揭开这段历史的细节，我们能看到地方与中央若即若离，其特性忽明忽暗。地理学家们早已把地方视作被构建出来的相对存在的空间——既与其他区域相关，又与其他层面相关。（Gilbert 1988）国家亦如此——在很多案例中已讨论过，例如西班牙和意大利的案例；地方层面比国家层面有更悠久的历史，其存在的意义更为深刻（依据民众的认同而定）。国家与地区皆为"虚构"；因此，在政策方面使地区变得重要，可以被视为一种话语策略，它能"使地区固有的不稳定方式变得稳定"。（Ravenscroft 2005: 164）像区域文化联盟和区域发展机构这样的机构，"扮演"了地方角色并将其变为"现实"。然而，英国的背景不同于美国——英国的地区比美国各州更为模糊，这两个案例告诉我们：次国家层面只有在与国家（以及地方）的层面相关时才有意义。同样，对于国家"以上"的层面亦必须如此。

超国家文化政策

第六章将关注文化政策与全球化的相互作用问题，因此我们在此只做简要讨论，不会过分偏离全球领域。与次国家化进程一起，我们可以确认超国家化的重要进程——将国家聚在一起，最著名的例子便是欧盟。莫妮卡·萨萨泰利认为，鉴于文化在身份问题上的重要地位，欧盟构建欧洲身份认同一直是其文化政策的重要目标。当《马斯特里赫特条约》（Treaty of Maastricht）正式实施（后来修订）时，欧盟的"文化"角色是"促进成员国的文化繁荣，尊重各国和地区的文化多样性，同时将共同的文化遗产放在首位"。（Sassatelli 2002: 440）在这种陈述中存在着一些张力；在此对于我们的讨论而言，要考虑的是国家的与"共同的"（例如同属欧洲人的）文化之间的标量的紧张关系。这里表述的欧盟的文化政策突出了国家文化——鼓励各国文化繁荣并尊重文化的多样性——同时，共同的文化（或更准确地说，共同的文化遗产）被彰显出来。共同的欧洲文化遗产概念是一个历史粘合剂，把当代欧洲粘合到了一起，并防止文化的同质化。然而，什么才是欧洲共同的文化遗产呢？

萨萨泰利质疑了欧盟在文化领域的干预措施——"欧洲文化之都计划"（ECoC，见第四章）。通过对2000年欧洲文化之都计划的研究，她指出，官方文件反复阐释了"欧洲文化之都计划"的欧洲性。该计划是非常有意义的，有九座城市被评选出来并联合主办千禧年活动：来自"中"欧的布鲁塞尔、克拉科夫、布拉格，来自"北"欧的卑尔根、雷克亚维克、赫尔辛基，以及来自"南"欧的阿维尼翁、博洛尼亚、圣地亚哥·德·孔波斯特拉（请注意这里对区域的命名避免了富有争议和政治色彩的东欧与西欧的标签化）。这个九城计划再现了《马斯特里赫特条约》声明的紧张状态；诚然，该计划能够在多大程度上促进文化的繁荣、多样性以及共同文化遗产仍是一个有待继续研究的问题。

托马斯·佩兰（Thomas Perrin）从另一个角度思考欧盟的文化政策——跨越国界的"欧洲地区"（Euroregions），它超越了国界，也弥合了国家间的分歧。他通过研究比利牛斯—地中海和格兰德地区，探讨了跨国界的文化政策活动，感受到了一个新的地区议程（尽管他也发现一些实地障碍，例如交通联系和文化工作者间的差异）。因而在此，我们拥有一个跨国界（超国家）的欧盟地区：声称这些国家为地区更"自然"，而这样做将会陷入危险的文化本质主义。同欧盟其他跨境举措（比如医疗保健）[03]一样，此处有趣的是不同形式的地区与国家之间的相互作用。显然，一系列相关的、有趣的层级或地理范围，它们既可以与国家层面相连，也可以超越国家的地理范围，为文化决策与分析提供了机会与挑战。

结论

在撰写本书时，法国政府已宣布推迟对新智能电话征税（从2015年开始实施）；与此同时，据报道，在莱韦森调查组（Leveson Inquiry）对窃听事件进行调查之后，英国文化部长玛丽亚·米勒陷入了新闻监管的丑闻。可见，国家文化政策的地形正不断变化：尽管我们对次国家和超国家层面的密切关注和研究可能表明了国家的消失——在全球化语境中，如我们所见——但我们不想表明在文化政策方面，国家也正趋于消失，或者至少不想表明它正在从文化政策研究中消失。（Turner 2004）国家政府仍是文化政策的重要参与者；文化政策依旧扮演了塑造国家的重要角色。在本章中，我们分析的目标是文化政策的关系维度——政策，这仍是地域性定义；尽管领土及其属地也已发生了变化，变得更具关联性。正如有关BBC或英国文化、媒体和体育部在此方面的作用及价值所引发的全国性大讨论一样，国家文化政策是日常民族主义的形式：它定义并表达了国民性，同时以内在与外在的方式对国内与国外言说。甚至在当下，它无异于国家的自传。

注释

01 英国大学专项拨款委员会（UGC）的"一臂之距"原则在撒切尔政府时期已缩短为无了。（Warnock 2000）

02 在关于美国次国家政策的讨论中，舒斯特注意到对"州（state）"一词的使用存在混淆；在美国语境中，它是联合组成美国的50个州之一，而在其他情况下，"州"一词是国家政府或国家的同义词。我们在本章中重现了这种混淆。

03 参见http://ec.europa.eu/health/cross_border_care/policy/index_en.htm。

参考书目和拓展阅读

· Ahearne, J. (2009)'Cultural policy explicit and implicit: a distinction and some uses', *International Journal of Cultural Policy*, 15(2): 141-53.

—— (2013) Review of *Pour une histoire des politiques culturelles dans le monde, 1945-2011*, edited by Philippe Poirrier, *International Journal of Cultural Policy*, 19(5): 641-5.

· Alasuutari, P. (2001)'Arts, entertainment, culture, and nation', *Cultural Studies<=>Critical Methodologies*, 1(2): 157-84.

· Alexander, V. (2008)'Cultural organizations and the state: art and state support in contemporary Britain', *Sociology Compass*, 2(5): 1416-30.

· Anderson, B. (1991) *Imagined Communities: Reflections on the Origin and Spread of Nationalism*, London: Verso.

· Auerbach, J. (1999) *The Great Exhibition of 1851: a Nation on Display*, New Haven CT: Yale University Press.

· Billig, M. (1995) *Banal Nationalism*, London: Sage.

· Bonet, L. and Negrier, E. (2010)'Cultural Policy in Spain: processes and dialectics', *Cultural*

Trends, 19(1/2): 41-52.
- Bordat, E. (2013) 'Institutionalization and change in cultural policy: CONACULTA and cultural policy in Mexico (1988-2006)', *International Journal of Cultural Policy*, 19(2): 222-48.
- Chartrand, H. and McCaughey, C. (1980) 'The arm's length principle and the arts: an International perspective - past, present and future', in M. Cummings and M. Schuster (eds), *Who's to Pay for the Arts? The International Search for Models of Support*, New York: ACA Books.
- Conekin, B. (2003) *'The Autobiography of a Nation'*: *the 1951 Festival of Britain*, Manchester: Manchester University Press.
- Craik, J., McAllister, L. and Davis, G. (2003)'Paradoxes and contradictions in government approaches to contemporary cultural policy: an Australian perspective', *International Journal of Cultural Policy*, 9(1): 17-33.
- Cummings, M. and Schuster, M. (eds) (1989), *Who's to Pay for the Arts*? *The International Search for Models of Support*, New York: ACA Books.
- Cunningham, S. (2009) 'Trojan Horse or Rorschach Blot? Creative industries discourse around the world', *International Journal of Cultural Policy*, 15(4): 375-86.
- DeVereaux, C. and Griffin, M. (2013) *Narrative, Identity, and the Map of Cultural Policy: Once upon a Time in a Globalized World*, Farnham: Ashgate.
- Dickinson, M. and Harvey, S. (2005) 'Film policy in the United Kingdom: New Labour at the movies', *The Political Quarterly*, 76(3): 420-9.
- Dueland, P. (2008) 'Nordic cultural policies: a critical review', *International Journal of Cultural Policy*, 14(1): 7-24.
- Gilbert, A. (1988) 'The new regional geography in English and French-speaking countries', *Progress in Human Geography*, 12(2): 208-28.
- Gray, C. (2000) *The Politics of the Arts in Britain*, Basingstoke: Macmillan.
    —— (2008) 'Arts Council England and public value: a critical review', *International Journal of Cultural Policy*, 14(2): 209-14.
- Gray, C. and Wingfield, M. (2011) 'Are governmental culture departments important? An empirical investigation', *International Journal of Cultural Policy*, 17(5): 590-604.
- Häyrynen, S. (2013) 'A centralised market orientation: the implicit determinants of Finnish cultural policy in 1990-2010', *International Journal of Cultural Policy*, 19(5): 623-40.
- Hewison, R. (1995) *Culture and Consensus: England, Art and Politics since 1945*, London: Methuen.
- Higgins, C. (2013) 'Maria Miller's last-chance saloon', *The Guardian* culture blog. Available at www.guardian.co.uk/culture/charlottehigginsblog (accessed 12/04/14).
- Hobsbawn, E. and Ranger, T. (eds) (1983) *The Invention of Tradition*, Cambridge: Cambridge University Press.
- Kawashima, N. (1997) 'Theorising decentralisation in cultural policy: concepts, values and strategies', *Cultural Policy*, 3(2): 341 59.
    —— (2012)'Corporate support for the arts in Japan: beyond emulation of the Western models', *International Journal of Cultural Policy*, 18(3): 295-307.
- Kong, L. (2000) 'Cultural policy in Singapore: negotiating economic and socio-cultural agendas', *Geoforum*, 31(3): 409-24.
- Kwon, S. -H. and Kim, J. (2013) 'The cultural industry policies of the Korean government and the Korean Wave', *International Journal of Cultural Policy,* online first.
- Looseley, D. (1995) *The Politics of Fun: Cultural Policy and Debate in Contemporary*

France, Oxford: Berg.

—— (2011)'Notions of popular culture in cultural policy: a comparative history of France and Britain', *International Journal of Cultural Policy*, 17(4), 365-79.

· Lutz, J. (2006) 'Extending the cultural research infrastructure: the rise of the Regional Cultural Consortiums in England', *Cultural Trends*, 15(1): 19-44.

· MacNeill, K., Lye, J. and Caulfield, P. (2013) 'Politics, reviews and support for arts: an analysis of government expenditures on the arts in Australia from 1967 to 2009', *Australian Review of Public Affairs*, 12(1): 1-19.

·Madden, C. (2009) *The Independence of Government Arts Funding: a Review*, Sydney: IFACCA.

· Magor, M. and Schlesinger, P. (2009) '"For this relief, much thanks": taxation, film policy and the UK government', *Screen*, 50(3): 299-317.

· Mangset, P., Kangas, A., Skot-Hansen, D. and Vestheim, G. (2008) 'Editors' introduction: Nordic cultural policy', *International Journal of Cultural Policy*, 14(1): 1-5.

· Matarasso, F. and Landry, C. (1999) *Balancing Act: Twenty-one Strategic Dilemmas in Cultural Policy*, Strasbourg: Council of Europe.

· McGuigan, J. (2004) *Rethinking Cultural Policy*, Maidenhead: Open University Press.

· McNeill, D. and Tewdwr-Jones, M. (2003) 'Architecture, banal nationalism and re-territorialization', *International Journal of Urban and Regional Research*, 27(3): 738-43.

· Miller, T. and Yudice, G. (2002) *Cultural Policy*, London: Sage.

· Minnaert, T. (2014) 'Footprint or fingerprint: international cultural policy as identity policy', *International Journal of Cultural Policy*, online first.

· Montalto, V. (2010)'Decentralization and devolution in Italian cultural policies: how micro-practices should inspire macro-policies', *Cultural Trends*, 19(1/2): 15-25.

· Mulcahy, K. (1987) 'Government and the arts in the United States', in M. Cummings and R. Katz (eds), *The Patron State: Government and the Arts in Europe, North America, and Japan*, New York: Oxford University Press.

—— (2000) 'The government and cultural patronage: a comparative analysis of cultural patronage in the United States, France, Norway, and Canada', in J. Cherbo and M. Wyszomirski (eds), *The Public Life of the Arts in America*, New Brunswick NJ: Rutgers University Press.

—— (2006) 'Cultural policy', in B. G. Peters and J. Pierre (eds), *Handbook of Public Policy*, London: Sage.

· Netzer, D. (1978) *The Subsidized Muse: Public Support for the Arts in the United States*, Cambridge: Cambridge University Press.

· Newsinger, J. (2012) 'British film policy in an age of austerity', *Journal of British Cinema and Television*, 9(1): 133-44.

· O'Brien, D. (2012)'Drowning the deadweight in the rhetoric of economism: what sport policy, free swimming, and the EMA tell us about public services after the crash', *Public Administration*, 81(1): 69-82.

—— (2013) *Cultural Policy: Management, Value and Modernity in the Creative Industries*, London: Routledge.

· Perrin, T. (2010) 'Inter-territoriality as a new trend in cultural policy? The case of Euroregions', Cultural Trends, 19(1/2): 125-39.

· Poirrier, P. (ed.) (2011) *Pour une Histoire des Politiques Culturelles dans le Monde, 1045-2011*, Paris: La Documentation Francaise.

· Quinn, R. (1997) 'Distance or intimacy? The arm's length principle, the British government

and the Arts Council of Great Britain', *International Journal of Cultural Policy*, 4(1): 127-60.
- Ravenscroft, N. (2005) 'Developing the cultural agenda: the socio-spatial dimensions of the Regional Cultural Strategies in England', *Space and Polity*, 9(2): 149-66.
- Ridley, F. (1987) 'Tradition, change, and crisis in Great Britain', in M. Cummings and R. Katz (eds), *The Patron State: Government and the Arts in Europe, North America, and Japan*, New York: Oxford University Press.
- Robins. K. (2007) 'Transnational cultural policy and European cosmopolitanism', *Cultural Politics*, 3(2): 147-74.
- Roche, M. (2000) *Mega-events and Modernity: Olympics and Expos in the Growth of Global Culture*, London: Routledge.
- Sassatelli, M. (2002) 'Imagined Europe: the shaping of a European cultural identity through EU cultural policy', *European Journal of Social Theory*, 5(4): 435-51.
- Schuster, J. M. (1985) *Supporting the Arts: an International Comparative Study*, Cambridge MA: MIT Press.
  —— (2002) 'Sub-national Cultural Policy - where the action is: mapping state cultural policy in the United States', *International Journal of Cultural Policy*, 8(2): 181-96.
- Schuster, J. M. (ed.) (2003) *Mapping State Cultural Policy: the State of Washington*, Chicago IL: University of Chicago Cultural Policy Center.
- Selwood, S. (2010) 'Centre/periphery: devolution/federalism: new trends in cultural policy', *Cultural Trends*, 19(1/2): 1-2.
- Turner, G. (2014) 'Culture, politics and the cultural industries: reviving a critical agenda', in K. Oakley and J. O'Connor (eds) *The Routledge Companion to the Cultural Industries*, London: Routledge.
- Ulldemolins, J. and Arostegui, A. (2013) 'The governance of national cultural organisations: comparative study of performance contracts with the main cultural organisations in Enlgand, France and Catalonia (Spain)', *International Journal of Cultural Policy*, 19(2): 249-69.
- Wang, J. (2004) 'The global reach of a new discourse: how far can "creative industries" travel?' *International Journal of Cultural Studies*, 7(1): 9-19.
- "Warnock, M. (2000) 'Introduction', in M. Wallinger and M. Warnock (eds) *Art for All? Their Policies and Our Culture*, London: PEER.
- Wiesand, A. (2002) 'Comparative cultural policy research in Europe: a change of paradigm', *Canadian Journal of Communication*, 27(3): 369-78.
- Williams, R. (1979) 'The Arts Council', *The Political Quarterly*, 50(2): 157-71.
  —— (1984) 'State, culture and beyond', in L. Apignanesi (ed.), *Culture and the State*, London: ICA.
- Willsher, K. (2013) 'Francois Hollande considers tax on smartphones and laptops', *The Guardian*, 13 May. Available at www.theguardian.com/world/2013/may/13/francois-hollande-tax-iphones-laptops (accessed 14/04/14).
- Worpole, K. (2001) 'Cartels and lotteries: heritage and cultural policy in Britain'. in D. Morely and K. Robins (eds) *British Cultural Studies. Geography, Nationality and Identity*, Oxford: Oxford University Press.
- Zorba, M. (2009) 'Conceptualizing Greek cultural policy: the non-democratization of public culture', *International Journal of Cultural Policy*, 15(3): 245-59.

CHAPTER

第六章
国际文化政策

International Cultural Policy

经济的全球化为文化产品的生产、分销和消费提供了一个基础性的环境，并且得益于数字技术的发展，越来越多的文化产品的受众都远离产品的产地。2002年到2011年，世界文化产品和文化服务贸易值翻了一番，2011年达到6240亿美元。（UNESCO 2013）然而，政策在某种程度上落后于这一发展现状。正如我们在前几章中所讨论的那样，尽管有迹象表明国家的重要性有所减弱，但它仍是文化管理的主要推动者，并且也在切实地支持着文化发展；同时，城市正日益成为政策改革创新的场所。全球贸易战往往是经济和文化间紧张关系最为明显的表现，但在这一层面上的争端仍然主要是国家之间的较量。这些问题包括国际文化贸易中在美国的主导地位下，如果有可能的话，我们能够做些什么？如何保护法语或是韩国的电影产业？

不可否认，20世纪出现了兼具文化职能的区域性政策机构，例如南方共同市场[01]或欧盟，以及全球性的政策机构，例如联合国及其组织机构，包括联合国教科文组织（UNESCO）和联合国贸易与发展会议（UNCTAD）等。这些组织都影响了文化政策的形成，并且在未来可能会影响更大，尽管实际上国际政策组织的发展是不平衡的，就像政策领域的许多其他组织一样。然而，正如帕斯哈利季斯（Paschalidis 2009）所论述的那样，尽管媒体和传播学学者在全球化问题以及诸如贸易战和文化帝国主义等议题上的著述数量众多（Herman and McChesney 1997; Miller et al. 2004; Tunstall 1994），但他们对文化政策的研究，总是回避国际文化政策的问题，而更倾向于将其交给外交或涉外关系领域的学者来处理。

大卫·索罗斯比（David Throsby）有效地总结了文化与国际经济互动的领域：

- 实物性文化商品的国际贸易，如艺术品、图书、CD等；
- 与非实物性文化商品有关的知识产权的国际贸易，如电视节目、电影、数字化的音乐作品等；

- 影响文化产业的劳动力的国际间流动，如艺术家的流动；
- 国际文化交流，如演艺公司的巡回演出、博物馆和画廊之间艺术品和手工艺品的互借展览等；
- 国际间的文化外交及软实力的运用；
- 国际间的文化旅游观光。

(Throsby 2010: 157)

为此，我们可以增加政策转移和政策对话的流转，例如"创意经济"正在这一系列背景下，不断地建构政策的制定方法（见第三章）。在此，我们对上面提到的大多数问题都进行了考察，尽管我们关注的首要问题是一个*政策性*的问题，例如贸易或外交，而不是文化性的观光旅游（虽然大多数人都是通过某个引人入胜的旅行地从而第一次接触到其他国家的文化，而文化政策在这些地方却并没有发挥特别重要的作用）。

我们所探讨的全球文化政策，只是文化与全球化之间复杂关系的一个部分。一方面，文化（和文化政策）可以被视为推动全球化的形式，特别是在数字网络的背景下，新的文化产品与文化表现的沟通变得更加迅捷。但是，我们也可以从对全球化的反应来反观文化政策，例如从经济保护主义的形式来考察文化政策，可以看到，地方性文化景观的持续繁荣发展，通常是对"全球化"文化生产所表现出的漠视。

全球化是一个极具争议的概念，争论的焦点不仅在于其效用方面，还在于它在多大程度上对当前的世界经济进行了准确描述。本章将不详细讨论不同的立场所导致的世界经济全球化的程度，霍尔德和他的同事已经很好地总结了这些内容。(Held 2005; Held and McGrew 2000)虽然我们试图避免对全球化的过度吹捧，尤其是全球化在多大程度上代表了一种新现象，但我们的确承认，在政策制度的去监管化、全球消费市场的出现和数字通讯不断增长以及其他因素的推动下，世界经济一体化的程度在不断地提高。这并非"西方化"的单向度进程，并且这种"西方化"进程的延续也不具有必然性。相反，我们所看到的是一个多极世界的发展，在这个世界中，文化在经济和社会中扮演着越来越重要的角色，但政策制度在此又往往难以适应文化的发展。这个多极化的世界依然是一个相互竞争的思想与见解交织的论争场域，这些思想与见解都是围绕着文化的作用及其重要性而展开的。

文化贸易

文化产品贸易可能是最早的贸易形式之一，文化贸易所勾勒出的地理图景描述了很多关于世界历史的内容。布拉曼在对国际间条约和国际艺术市场的研究中指出，就全球艺术市场而言，可以区分出三种类型的国家：来源国、购买国和转口国。（Braman 2008）从法国、意大利这些欧洲早期绘画大师的故乡，到埃及或埃塞俄比亚这些古代艺术的发祥地，以及当代艺术出现的任何地方，"来源"国不尽相同，艺术品的买家也几乎很少集中于某些区域。买方市场由英国和美国（苏富比和佳士得等国际艺术品拍卖商的故乡）以及诸如中国等新兴经济体主导。转口国是指那些能够将艺术品从生产者转移到购买者手中的国家，有时这些国家备受质疑，例如当艺术品是被偷窃来的或以其他非法手段获得的时候。

布拉曼分析了国际条约如何日益管控着整个全球市场，诸多国家正不断努力紧跟这一全球市场的发展，而不同国家之间的权力关系又极其不平衡。以柬埔寨为例，在红色高棉与柬埔寨政府于1996年签订和平条约后，柬埔寨开始从其领土上慢速作业清除了400万到500万枚地雷。与此同时，当地居民开始从地下发掘文化艺术品，在某些情况下，其中一些艺术品在全球艺术市场上具有经济价值，因此这些艺术品寻求被出口。正如布拉曼所描述的那样，在一个被清除地雷和发展基础建设双重任务重压之下的国家，几乎不可能指望其有财力来保护自己的文化遗产。

如上所述，文化产品往往在国际贸易谈判中更具问题性，正如索罗斯比所说，文化产品"为经济价值和文化价值之间的冲突提供了一个范例"。（Throsby 2010: 158）有形的和无形的文化产品，通常与地方性身份、信仰和地域性感官等要素关联在一起，并被阐释为这些要素的产物，这种做法已经司空见惯。"自由贸易"的言辞常常与文化产品和服务的观念格格不入，即使对于那些不反对将文化产品归入一般商品类别的人来说也是如此。在某些情况下，这些顾虑是针对将未被商品化的物品商品化，以及由此可能带来的风险。文化旅游提供了许多相关案例，例如澳大利亚中部的乌鲁鲁等地成为了探险家们的理想场所。在这种情况下，对于本地人来说，本地域的文化和精神的价值受到了威胁，而对于外来者而言，他们只是把这个区域视作一处攀爬起来颇为有趣的峭壁而已。

还有一些例子涉及对少数民族语言的排斥，即占多数人口的民族语言或国际语言对少数民族语言的威胁，例如，对威尔士或加泰罗尼亚语等少数民族语言予以明确的国家干预。在其他情况下，还涉及发言权与身份的问题：鉴于我们对世界的了解都基于对文化产品的消费，为什么原籍国以外的国家，很少看到伊朗的电视节目、阿根廷的电影或被翻译的荷兰小说？近年来，斯堪的纳维亚犯罪小说在英国和其他国家的影视与小说界的流行，表明存在着一个文化产品翻译的市场，尽管传统的观点认为，电视观众不会去看电视剧的字幕。

"文化例外"这一术语通常指涉上述讨论的问题，它指的是在国际贸易条约中，以不同方式来对待文化产品，并以此承认文化产品不仅仅具有经济上的重要性（见第五章）。索罗斯比曾提出过一个重要的观点，他认为尽管这些命题通常以经济学的语汇表达出来，但实际上，这些命题将文化的、意识形态的、伦理的以及贸易的命题综合在一起，他将这些命题总结如下：

- 文化产品是象征寓意的载体，它超越了产品的纯粹商业价值，因此普通的市场流通过程无法完全把握文化产品对于社会的价值；
- 文化产品对于民族身份的表达至关重要，因此保护文化产品是基于对公共利益的保障；
- 各国内部不同类型文化产品的生产对文化多样性的保护至关重要；
- 文化产品可能会受到廉价进口产品倾销等不公平竞争的影响，因此根据竞争法规，文化产品应当予以保护；
- 如果文化产品制造产业的发展前景表明其最终能够自给自足，那么文化产品制造产业就应该获得与新兴产业的类似保护。

（Throsby 2010: 160）

只需看一眼以上清单，我们就会深刻地认识到文化产品与其他商品是如何的"不同"，或者说我们对文化产品的理解，与对其他商品的看法是如何的不同。毕竟，进口产品的"倾销"[02]也可能发生在其他市场领域，例如新兴的农业或电子工业也可能受到进口产品的威胁。在此我们也可以援引世贸组织规则，但在这些情况下，争论主要是有关经济方面的，例如发展电子工业可以提供就业和刺激经济增长。在这些非文化商品中，身份、自我认同或民族国家的凝聚力这些问题很少被涉及，尽管一些经济学家也在尽最大努力对这些问题予以关注，但是在文化层面上，这些问题通常被视为重要的命题。

在很大程度上，全球文化贸易一直由美国主导，尤其是在流行文化、电影、电视和音乐领域（Shuker 2003），而对此现状的抵制，通常被定义为对"文化帝国主义"的反抗。（Hesmondhalgh 2013; Lewis and Miller 2003; Tunstall 1994）近年来，"文化帝国主义"这一特定术语在某种程度上不再流行，其被批判为将"国家的"文化理解为一种既定的概念，而没有认识到国家内的文化多样性，这一术语貌似以"真货"的概念消解了"本地"的概念，以商业的或假货的概念消解了"进口"的涵义。此外，正如赫斯蒙德霍所言，对美国在文化贸易中的主导地位一味地关注，往往使我们忽略了存在于其他区域中的主导国家，例如埃及的电视节目在阿拉伯语世界中所占的重要位置，又或是墨西哥和巴西的电视节目在拉丁美洲所占据的突出地位。
（Hesmondhalgh 2013）

赫斯蒙德霍在他更倾向于称之为"国际化"而非"全球化"的观点中，对电视、电影、流行音乐三个文化产业中的文化帝国主义进行了有益的分析，他认为如果对文化帝国主义进行过于简单化的解释，特别是将其单纯地理解为美国文化帝国主义，就不能完全把握文化生产与贸易的实质。因此，我们不能急于假定韩国流行音乐或阿拉伯新闻报刊业的流行意味着文化贸易中权力和支配现象的消失。美国仍然是世界上占据主导地位的文化生产者，在世界上最大的31个影业播放区域，美国电影在其中24个区域中获得了超过50%的放映率。同时制作成本较低的流行音乐比电影行业拥有更多的制作中心，这些制作中心通常与特定的城市场景关联在一起，并且美国与英国在极大程度上，仍然主导着流行音乐的全球销售。

反对外来流行文化"反客为主"的人时常被讥讽为文化精英主义者，但是正如索罗斯比所指出的那样，在一个经济实力极不平等的世界中，"引起我们担忧的缘由，是那些视听媒体行业的跨国公司巨头，这些巨头主导着整个市场"，所以，我们对流行文化输入的担忧，并非一定是源于美国化或本土文化"真实性"的缺失。（Throsby 2010: 162）外来流行文化支配地位的形成，几乎不需要本地民族语言赖以存续的那些内涵的支撑，因为大多数的消费者接触到的都是外来与本地内容相混合的文化产品。但是，我们也应看到，当文化帝国主义这一观念不那么流行的时候，全球媒体产业的主导地位并不能减少人们的担忧。

二战后的几年里，我们见证了诸如联合国等全球性组织的发展，同时也包括一个统一的全球贸易体系的建构，其中最重要的体系是关税与贸易总协定（GATT），其目的是降低进口关税，增加世界贸易量，从而加速全球资本主义的发展进程。虽然关贸总协定的基础原则是给予每个国家平等待遇，但该条约在签署之时，由于世界各国发展的不平衡，使得该条约更多惠及了发达国家。从一开始，发展中国家就出于各种原因对关贸总协定规则提出质疑（Braman 2008），但通常主张文化例外原则的是发达国家，尤其是法国和加拿大（见第五章对当前这一现象的具体描述）。尽管法国是许多协议的签署国，但它一直在为文化产品的贸易寻求例外，尤其是在好莱坞占据主导地位的音像产业领域。关贸总协定第四条允许各国实行电影配额制，从而保护本国电影产业的发展，因为时至今日，大多数本国电影在没有公共资助的情况下，是无法生存下去的。（Feigenbaum 2010）

作为关贸总协定的接替性机构，在世界贸易组织（WTO）中，上述类似的纷争依然存续并不断加剧。在世贸组织1993年的缔结协商阶段，法国和加拿大主张继续基于文化例外原则，将音像商品排除到世贸组织程序范围之外。20世纪80年代初，当美国迫使将服务贸易和货物贸易列入关贸总协定议程时，警钟开始敲响。1982年在墨西哥召开的联合国教科文组织会议上，时任法国文化部长的杰克·朗（Jack Lang）发表了一篇著名的演讲，他向人们警示了美国文化帝国主义的危险，以及其对自主权力的损害和由此引起的自我身份的丧失；同时，他还指出不仅是发展中国家才会受到美国文化帝国主义的影响，像法国这样的发达国家也遭受了其影响。法国的对策是将他们的文化支出翻一番，以此促进本地文化生产，同时也反对文化中的"自由贸易",从某种意义上说,法国制定了一套自己的文化例外形式。正如麦克圭根所说,在医药品和航空航天工程领域的贸易谈判中,法国通常倾向坚持新自由主义,但在涉及文化领域时,他们就不再倾向这一思潮了。(McGuigan 2004)

虽然世贸组织不接受一般的文化例外(文化例外只是一项主张,没有写入世贸组织法律体系中——译注),但其后签订的《服务贸易总协定》(GATS)给予了文化贸易一定的灵活性,签署国可以决定是否将例外原则适用于音像商品(尽管很少有国家选择这样做)。以上这些协议都是临时性的,它们都设计出了一个包括文化产品在内的高度自由化的世界贸易秩序。

文化的多样性

关于文化贸易和文化例外的争论仍然很激烈,双方皆提出了不断更新的文化多样性的概念,以支持各自的论点。泰勒·考恩(Cowen 1998)认为自由市场是文化产品多样性的最好保证;其反对者则认为,这只会导致少数大型生产商垄断市场,从而影响文化多样性的发展。这至少证实了文化多样性是一个非常重要的概念;同时也是文化政策在不同空间和政策层面上所要实现的目标。

索罗斯比概述了重视文化多样性的一些原因,通常与生物多样性的概念相提并论。他认为,同物种的多样性一样,文化多样性本身是有价值的——能够从不同角度看文化,只会让世界变得更多彩。因为唯有多种资源才能带来更大的创新;其次,多样性孕育了多样性——如果文化单独存在着,那么它极有可能停滞不前。我们知道,从严格的经济方面来说,文化生产看似是一项浪费的事业,其产品好像不过是电影、书籍、歌曲以及"敲敲键盘即可"的影像游戏;但是文化生活的丰裕效应远胜于其所带动产生的结果。文化多样性的价值还在于"'它对未来持开放态度"(Throsby 2010: 173);文化实践的消失不仅剥夺了我们这一代,也将剥夺下一代享受多样性的文化产品。

联合国教科文组织的成立为文化多样性的讨论提供了重点,即趋向于用人类学和象征性的文化术语(见第一章)来描绘对不同时期占主导的文化的不同理解。联合国教科文组织成立的早期(20世纪五六十年代),其主要关注的文化即为艺术政策，在很多国家都是如此（见第二章）；而从20世纪70年代开始，随着文化与"发展"的观念相互联系，更具人类学意义的"文化"概念脱颖而出。皮克宁（Pyykkönen 2012）指出，多样性的概念来自于联合国教科文组织的早期文件，特别是《世界人权宣言》（the Universal Declaration on Human Rights，发表于1948年）以及《世界文化多样性宣言》（the Universal Declaration on Cultural Diversity，发表于2001年），二者皆把文化多样性视为人类之本，并将其与民主和人权观念联系起来，就此而言，这远远超出了"艺术"政策的范畴。

如此，联合国教科文组织有助于消除"传统社会"与"现代社会"的二元对立，这经常反映到一个"发展中国家"和"发达国家"的模式中，而该模式似乎表明了现代性是一种单向流动，即只是从北半球（the Global North）流向南半球（the Global South），进而可以说，现代社会没有传统。联合国教科文组织依照此观点允许各国，特别是那些摆脱殖民主义的国家，拒绝走向基于"全球"文化消费的"现代化"的单一道路，这似乎是将它们放在了纯粹作为传统文化或民俗文化供应者的位置上。

这种宽泛的方法的优势是使联合国教科文组织有时可以提出文化政策制定者不太关注的其他论点。尤其是世界文化与发展委员会的报告《我们的创意多样性》（*Our Creative Diversity*）（WCCD 1995）曾论述道，由于跨国文化企业的主导地位，对经济发展的一味关注已导致世界各地一系列社会、文化和经济问题的发生。为解决这些问题，世界文化与发展委员会认为，"有必要超出经济学范畴，而不是放弃它。"（Throsby 2010: 170）

将文化多样性与物种多样性进行类比并不牵强，因为某种文化形式一旦失去就不可恢复，亦即"灭绝"。强调多样性的重要性是为了维持健康的文化生态系统，虽然在经济领域的任何保护主义都被公认为应该规避的邪恶，联合国教科文组织仍在某种意义上认同国家保护其文化的权利。少数国家（诸如美国和以色列）反对《文化多样性公约》（the Cultural Diversity Convention），法国和加拿大则极力对其进行游说；显然，该公约已在这些希望促进自由贸易或与美国保持良好关系的国家中引起了共鸣。联合国教科文组织仍热衷于强调公约是为了保护文化表达的多样性——它不仅被视为对文化遗产的保护，也被视为在当今世界的文化生产中产生共鸣的东西。关于后者该如何发挥效应仍存在争议，我们在后文中将会看到。如索罗斯比所评述，在有关《文化多样性公约》的案例中，保护包含了捍卫弱势文化表达的权利。这直接涉及文化制品、艺术品和文化遗址（可能是对"保护"的一种传统理解），也涉及生产当代文化产品的能力，例如对广播、电影及出版进行保护的权利。然而，前一种解释可能更容易被更多国家所接受。同时，保护文化遗址免受自然灾害的破坏或防止反对其内容的特定群体的袭击（如廷巴克图古城的叶海亚清真寺最近遭袭的案例）可能是困难甚至危险的，因为其背后有着更为广泛的政治支持。

即使在公约之外，也可以动员公众来反对特定文化遗产的出口。例如在英国，《韦弗利准则》（the Waverley Criteria）用于限制特定艺术品（绘画与雕塑——它们通常是可移动的艺术品）的出口。基于国家的文化安全，需要考虑的事项有：

- 是否与本国的民族生活史有关；
- 是否在一般意义上或特殊的学科分支中，具有突出的美学重要性。

在以上情形下，决定由独立的专家委员会（如"一臂之距"原则运作的案例，见第五章）做出，做决定的原则是在保护国家遗产的前提下，平衡艺术品所有者的权利。显然，在资本主义社会中原本认为顺理成章的事情（所有者有权出售其合法所得的东西）却受到国家共同体有权留存文物的限制。然而，保护文化多样性可能在政治层面会更加困难，不仅因为当代的文化产品还没有足够的时间发展出文化遗产所具有的意义，也因为当代的文化产品被大型传媒公司或软件公司裹挟，而这些企业的活动常常被视为减少多元文化表达可能性的元凶。

尽管有松散的规定，公约并未对其签署国施加强制执行的义务，其实际保护民族与地方文化表达的力度仍不明确。另外，公约的批评者们（Pyykkönen 2012）认为，在保护文化多样性的说辞背后，其压倒性趋势是文化的商品化，文化市场并因此获得发展。更为复杂的是，很多签约国同时也是世贸组织的成员国，这两者（《文化多样性公约》主张保护地域性的文化特征，世贸组织公约则主张去地域化——译注）可协调的程度也不明确。然而，在强调文化多样性的重要性方面，联合国教科文组织至少开了超出甚至有悖于经济增长传统价值观的先河，它正在为"创意经济"话语不断增长的时代提供新的文化发展话语空间。

《文化多样性公约》明确区分了经济价值与文化价值，认为二者都很重要，并制定了一系列可以在国内和国际层面上实施的举措，其中包括媒体多样性、促进文化交流与合作以及相关文化多样性的国际基金会的成立（基金会旨在加强发展中国家的文化机制建设与文化产业发展）。

上述内容提醒我们，创意经济的话语在全球政策制定的层面上，与其在国家和城市的政策制定层面上具有相同的影响力。（Turner 2014）20世纪90年代末开始，"创意产业"的观念开始在全球（包括南半球）发力（Cunningham 2009），其中，南半球不仅对文化和经济发起挑战，也对北半球的主流话语进行了反击。事实上，很多南半球国家（如巴西和塞内加尔）已经对文化产业（或文化产业化）的发展寄予了希望，将其看作以本土化的表达方式吸引全球目光的机会；同时，这些国家还开始运用卫星数码技术和互联网发展不太受跨国企业管控的传媒产业。在这个意义上，倒是与北半球国家所倡导的不谋而合："创意"可以作为实现经济增长和消除不平等的手段。联合国贸易和发展会议2008年和2010年的创意经济报告反映了这种话语，认为尽管许多发展中国家在世界文化贸易中仍是边缘化的参与者，但"这些国家有丰厚的文化遗产和大量的人才储备"，通过采取正确的措施，将"增加在世界贸易中的份额，并踏入新的财富创造领域。"（UNCTAD 2008: 1）

事实上，以上愿景仍有待观察。诚然，世界上有许多文化活动确实不只对当地观众具有吸引力；然而文化贸易和交流的平等程度却值得商榷。尽管任何地方都可以作为文化产品的开发地，但生产商们仍处于金融资本、投资以及决策权高度集中的几个少数中心所构成的权力网络中。很多文化生产者还徘徊于到底应当推动文化出口还是应当保护知识产权——这才是更应关注的问题。对他们而言，更根本的需求是对技术、培训以及资金的渴望。虽然这种状况并非一成不变（例如宝莱坞作为全球电影产业另一大中心的兴起），然而简单来说，世界上不同的文化表达形式不应与是否平等进入消费市场相混淆。

在对联合国教科文组织2013年创意经济报告的分析中，克里斯·吉布森认为全球文化经济更均衡（尽管仍无法实现平等）发展的关键是认识到其所依赖的路径以及对多元发展观的需要。换言之，不同语境中的不同文化产业会有不同的发展路径，同时它们也没有必要遵循单一的模式。流行文化的增长受益于全球化的多重资源——坦桑尼亚的嘻哈乐、墨西哥的电视肥皂剧、尼日利亚的电影制作产业、韩国的流行音乐等等——所有这些都证明了全球文化产业"中心"之外的文化生产的增长。例如，印度或尼泊尔的电影产业表明了其与好莱坞截然不同的发展轨迹，其特征是非正式化的网络、本地化资金以及更加分散的所有权和分配方式。（Miller 2012; Mucherjee 2008）

相对而言，这些案例较少受政策驱动，尽管宝莱坞电影工业最初受到了文化保护主义政策的影响（印度直到20世纪90年代才允许外国电影配印地语字幕）。（Hesmondhalgh 2013）韩国可能是个例外，其协调发展本国的电影、电视和音乐产业，被统称为"韩流"。用于加速带宽发展、支持电影和视频游戏产品开发以及刺激出口的公共资金与国内的保护主义政策并行不悖；韩国实施了电影配额制，强迫电影院对国产电影实施最低放映次数和最少放映时间的约束。[03]其他国家（例如法国、意大利、巴西）也都采取电影配额制，特别是法国，极力支持其文化的出口，但是很少有国家——关注国内消费、基础设施和生产——能像韩国一样成功。（Kwon and Kim 2013）

"路径依赖"的概念表明了历史问题，以及在全球范围内，政策发展必须考虑特定文化场景形成的路径。吉布森以夏威夷冲浪板制造业为例，冲浪者展示其惊人的技能，继而将冲浪板出口到其他地方，特别是美国和澳大利亚。尽管冲浪运动在很多滨海国家都非常流行，但冲浪板制造业仍集中于少数几个地区，例如夏威夷、澳大利亚、印尼和巴西。在这些地方，建立在社会关系、非正式借贷以及庞大的旅游业和冲浪群体充当消费者的基础上，深厚的冲浪亚文化人大助推了冲浪板制造业的发展。关键的是，如果没有这些当地文化要素而仅仅依靠政策举措和经济发展是远远不够的，然而被联合国贸易和发展会议以及其他机构所推崇的创意经济模式通常对理解和支持此类本土化生产所需的背景不够敏感。

文化与发展

与文化贸易和文化多样性相比，联合国贸易和发展会议与联合国教科文组织等机构一直对发展中国家的文化所起的作用更感兴趣。很明显，"发展"涉及经济发展以及上述诸多问题，但有时也被称为"社会发展"（Clammer 2012）或可持续发展，它并非指经济发展，而是指人的发展，包括教育、健康、政治权利与公民权利以及生活品质等。1993年成立的世界文化与发展委员会提出了这些议题，并于1995年发布了题为《我们的创意多样性》的报告，该报告开篇便陈述道："与人类或文化背景脱节的发展是没有灵魂的增长。"（WCCD 1995: 1）阿玛蒂亚·森（Amartya Sen）等作家亦发表过类似观点，文化不仅仅是经济意义上的资源，也不是解决社会问题的具体方法；文化自身即为目的，它是一种有价值的人文品质，使人们能够过上有尊严的生活，尤为重要的是，它有助于人们思考生命意味着什么。从很多方面来看，这种观点似乎是理想主义的，而且有时被认为与欧洲浪漫主义艺术源流的观点很接近（见第二章）。但它将文化视为一种整体的生活方式，而不仅仅作为一系列象征或艺术实践，是典型的人类学观点。

联合国教科文组织的《杭州宣言》（Hangzhou Declaration）阐明了文化作为人类发展的基本支柱的理由，即"文化既是全球性的和地方性的公共资源的一部分，也是创意和复兴的原动力。"（UNESCO 2013: 2）联合国大会秘书长潘基文（Ban Ki-moon）在一次演讲时指出："很多精心设计的发展计划最后都以失败告终，因为它们并没有考虑文化背景。"（UNESCO 2013: 9）2013年创意经济报告中最引人注目的元素可能就是它强调不同的发展路径，与之形成鲜明对比的是近年来在文化政策领域涌现出的强烈的新自由主义倾向，即把市场看作组织所有经济活动的"自然"方式，以及在不同的情况下规定类似的政策方法。（Hesmondhalgh et al.2014; McGuigan 2004）然而，从字面上看，该报告将发展作为一个过程，加强了人们追求他们认为有意义之物的有效自由。（UNESCO 2013: 16）

因此，2013年创意经济报告试图阐明对文化略有不同的看法，这种看法使我们对"经济"的理解及其发展所需适当的空间层次的概念更加复杂化。报告注意到了近年来制定的政策，无论是以"创意产业"之名，还是以"创意经济"之名,皆以发达国家的去工业化城市为榜样(见第四章有关创意城市的讨论);而对于那些面临不同问题的城市或地区而言,这往往是不合适的。因此,报告表明了"沿着南南轴线的横向比较可能更有利于发展中国家进行相互学习,而不是从其他地方直接引进现成模式。"(UNESCO2013: 35)这对由文化主导的经济发展的理解同步发生的一系列概念来说非常重要。例如在东非等地,官方文化机构并不突出,且大多数文化活动是由企业家发起的。然而在发达国家,如上文所理解的"创意"观念有时以个人主义和知识产权所有形式为框架,这可能在东非文化语境中没有什么意义,因为在那里知识产权不可能被严格遵守,对"所有权"的概念亦有不同的领会。

很多学者认为形成联合国教科文组织报告(尽管标题不体现方法)的"文化经济"方法可能会在重新定义"经济"方面发挥积极作用,而非文化试图从经济学角度进行自我衡量。克里斯·吉布森(Chris Gibson)将文化经济的方法应用于他的祖国澳大利亚,他将澳大利亚描述为"一个文化多元、人均碳排放量很高的移民国家,未能解决原住居民的主权和自决权问题。"(Gibson 2012: 3)对他而言,文化经济的研究允许我们打乱"文化"与"经济"的分类,特别是质疑"经济"的本质问题,在当下话语中使用该词(经济),似乎将它视为一种自然现象而非社会结构。关键在于我们所理解的"经济"因文化而异,正如乌鲁鲁在上面的辩论中所提到的那样,在这种情形中,对旅游而言是一种"资源",而在另一情形中却是非商品化的精神所在。在发展中国家,许多文化活动迄今仍被描述为"非物质文化遗产",无论典礼、仪式还是精神实践,都被看作与其他"文化活动"相一致,因此构成了文化经济的一部分,而这种经济包含了一系列非商业化的文化实践,不是把文化视为一种有经济价值的资源,而这恰是创意经济或文化产业传统普遍所认为的。我们的论点是从文化的角度看待从水资源利用到住房再到绿色空间的经济资源,以帮助我们理解它们对人类来说意味着什么,以及如何通过经济以外的方式,甚至是通过彻底改写经济学的方式来评估它们。

这对于国际文化政策研究有着双重意义。它不仅扰乱了"国家"作为支持次国家或超国家分组的主要理由的概念,也在处理土著或第一民族(Aboriginal or First Peoples)及其文化不完全适合民族界定的群体问题时,显得尤为重要。这也把文化政策问题与其他问题联系到一起，使我们认识到，面对全球化，特别是由于气候变化导致全球许多城市和地区面临危险的情况下，仅在国家层面上做出反应是远远不够的。正如第五章所讨论的，身份问题并不与国界完全吻合。联合国教科文组织2013年创意经济报告明确地表示，地理位置对于理解与创造文化至关重要。然而，我们也不认为次国家或超国家群体能轻而易举地解决身份问题，这一点将在接下来的章节中继续讨论。

区域群体：以欧盟为例

为了理解国家文化政策的挑战与局限，值得回到一个长期存在的区域机构的文化政策上来——在此，我们以欧盟为例。尽管欧盟[04]自20世纪50年代成立以来支持了各种各样的文化活动，但仍然面临很多问题，如贸易、多样性、地方性以及经济与其他目标（它们是本章的主题）之间的紧张关系。尤其是，欧盟在文化政策中似乎解决了复杂的身份问题，那么是否存在一份所谓的欧洲共同文化遗产呢？如果有，又该如何与欧洲公民所拥有的非欧洲文化互动？是否存在一种欧洲的文化认同？或者是互不相同的民族认同？又是什么塑造了政策？欧洲政策应在多大程度上遵循市场要求？抑或应该支持文化例外？我们已在第五章谈到欧盟，在此重提是为了探索区域层面如何在国际和国内背景下"运作"。

欧盟于1992年获得了在文化领域行使合法权利的"能力"，它在该领域的两个既定目标是保护文化多样性，培育共同文化；这从一开始就可能引起焦虑。戈登认为，这些不同的目标会使欧洲文化政策难以转化为明确和务实的形式。（Gordon 2010）欧盟，特别是在其条约中，趋向于支持浮夸的言辞，在文化方面经常强调莱赫德斯迈基（lähdesmäki2012: 62）称之为大陆的"伟大历史"，包括人文遗产、自由和民主。从欧洲传统延伸而来的这种相当有选择性的解释转向实际的政策制定往往是笨拙且复杂的，不只是因为欧盟的机构结构——理事会、委员会和议会——有时也出于复杂的目的，并且事实上各成员国的利益也并不一致。

尽管如此，欧盟已成为了文化政策制定的重要参与者，即使它在文化领域的很多行为是推广而非监管（见第一章），包括艺术家流动计划、奖赏—筹款活动以及"欧洲文化之都"评选活动。"文化之都"评选引发了政策制定者甚至部分欧洲居民（至少是参选城市的居民）的奇思妙想，达到了欧盟其他文化政策倡议很难获得的效果。该评选从1985年开展以来最初是作为一项竞赛来运行的。第一波入选城市——雅典、柏林和巴黎——被视为代表了传统"欧洲"的高雅文化。的确，这些年来它们一直致力于艺术活动的举办。

20世纪90年代当选"欧洲文化之都"的格拉斯哥确立了一个新模式，即衰落的工业城市因为文化而重获新生，从而为主导未来20年的文化复兴大潮奠定了基础。自1999年以来，每年有两座城市在评选中胜出，如2014年的里加和于默奥。"竞赛"的因素意味着"欧洲文化之都"的产生过程类似于其他大型活动，比如奥运会和世界杯（虽然前者并未像后两项赛事那样获得大额的资金支持）。当选城市本身已经具备利用这项殊荣来发展自身的城市文化政策的能力。如奥布莱恩所言，2008年当选"文化之都"的利物浦将对全球政策背景的回应、地方对文化复兴大潮的坚定信念、大型城市发展的契机以及"循证政策制定"的热情汇集在了一起。从视"文化之都"评选为单纯的文化艺术庆典，到关注其现在作为城市发展政策要素的转变，这个过程顺理成章。同其他形式的文化复兴浪潮一样，发展经常出现两极分化，即城市中心受益于投资资本，而相对偏远的地区却不受资本的青睐。

有很多"另类"政策，如欧洲2020[05]、博洛尼亚进程[06]、欧洲社会基金[07]和结构基金，都具有文化政策的意义，这与本书的论点相一致，即许多公共政策虽然对文化产生了影响，然而它们并非"文化"政策。例如通过结构基金，欧盟成为了文化与艺术的重要赞助者；同时，由于"创意城市"政策的作用，欧洲大陆一些欠发达地区受到了欧盟的部分资助。

更为直接的是，至少从20世纪80年代起，欧盟在大众传媒和电讯行业也开始活跃起来。《电视无国界指令》旨在发展欧盟的视听产业，在不同程度上挑战了美国在该领域的全球主导地位。赫斯蒙德霍（Hesmondhalgh 2013: 155）认为，这些政策是"无效和混乱的"，因为它对欧盟以外地区的电视节目进行进口配额设定，但又使用了限定语"如果切实可行"，从而默许了此类进口畅通无阻。诚然，欧盟在媒介与传播方面的战略通常反对纯粹以市场为基础的文化方法的主导地位，而事实上又支持在该领域发展欧盟自己的大型传媒公司，以此希望其在公平竞争的前提下获得优势。然而，这些战略所支持的公司变得越来越具有跨国性质，因此欧盟对公益性媒体的态度往往与实际有利于商业媒体的政策相冲突。

虽然在文化政策方面欧盟的规模足以与其他区域集团（如南美共同体或东盟[08]）联合并发挥重要作用，但它在身份问题以及由此在文化方面采取行动的合法性方面仍有待解决。毫无疑问，近年来随着更趋市场化的走向，欧盟在经济上更关注文化政策，这与全球政治的发展是相符的；然而它的独特性也面临丧失的危险，这份独特至少曾经是文化例外的重要支持者的归宿。总体而言，欧洲人"仍然相信欧盟的文化政策是参与到他们所共享的文化遗产的共建当中的，而不仅仅是'发明'遗产。"（Lewis and Miller 2003: 269）

文化外交与文化交流

接下来，我们将探讨文化交流的形式，它们超越或平行于经济的交流形式。索罗斯比（Throsby 2010: 267）引用了一句老话"文化搭台，贸易唱戏"（where culture leads, trade follow），值得注意的是，虽然经常使用文化"交流"这个词，但这并不意味着交流是平等的，正如布拉曼（Braman 2008）针对艺术界条约的讨论所表明的那样。然而很显然，加强不同文化间的相互理解，改善国家或共同体的国际形象可以带来超越经济效益的好处。文化通常是国家"软实力"（意指文化的劝导能力，以获得价值和观念上的认同，与军事力量代表的"硬实力"相对）（Nye 2004）的构成元素。这影响了由来已久的外交传统，尽管在世界经济中文化的重要性日益增加，但它已开始用一种新的伪装形式来消费文化。此外，一些人还认为，软实力不仅被政府用来提升国际形象，还被用来与本国民众进行交流，正如张伟红在研究中所描述的那样。（Zhang 2010）

文化外交，或者说国家之间的观念与文物交流是为了增进彼此的理解，这似乎变成了一个用来描述这一古老过程的非常受欢迎的词（Nisbett 2012）；尽管如明内尔特（Minnaert 2014）所认为的那样，这个术语包含了一个微妙的矛盾，即外交的目的是尽量缩小地区间的差异，而文化则往往是关于差异性的声明。它在多大程度上是作为政策本身——一个提高艺术地位、更新创意和拓展新市场的机会——或是作为外交政策的要素，关于这点是有争议的（Paschalidis 2009），答案可能二者皆是。如梅莉莎·尼斯贝特在说明大英博物馆在文化外交方面的作用时所描述的那样，即使进行文化外交是出于政治目的，文化机构及其工作人员可能也会发现，无论是出于艺术表现的需要，还是借此机会学习其他文化或更新自己的艺术实践，参加类似交流仍是有益的。

尼斯贝特写道，艺术家们是否乐意参加文化外交或交流的程度取决于他们认为能在多大程度上形成特定议程，及其所代表或为之工作的文化机构有多强大；但是它也取决于具体的民族历史。"官方文化"即为宣传计划的富有异议的观念，在某些国家比其他国家更容易引起共鸣。如维索米尔斯基等人所认为的那样，作为世界主流文化力量的美国艺术家，往往对艺术家参与所谓的官方文化活动表现出焦虑；而像巴西那样的国家则强调文化部是巴西外交的重要组成部分。当然，这也并不意味着美国艺术家不参与官方文化计划，著名的文化外交案例就包括了一批抽象表现主义艺术家（如杰克逊·波洛克、巴内特·纽曼）在不同程度上被用作冷战宣传的工具，这引发了巨大的争论，同时也塑造了美国的抽象表现主义的观念。（Stonor Saunders 1999）

在《荷兰如何把文化当作软实力》一文中，托伊恩·明内尔特反思了其所看到的荷兰文化政策与外交政策之间的张力状态。（Toine Minnaert 2014）在对自20世纪70年代以来荷兰对外文化政策的分析中，明内尔特认为，这是一种在以艺术为导向的网络内容服务商（保护荷兰民族文化的国际形象）和旨在利用文化来保护荷兰的经济利益（或"授权国际关系"）的网络内容服务商之间的转换——用荷兰最近的一份政策文件的措辞来说。（Minnaert 2014: 8）这项政策所要解决的一个问题是"民族身份"的确定程度或凝聚程度是否可以完全被规划出来，或以荷兰为例，网络内容服务商是否必须适应民族自身所经常面临的民族文化中相互矛盾的问题。

越过大使馆和国家政府，帕斯哈利季斯称之为"文化研究所"之类的机构（如法盟、歌德学院和孔子学院）是使此类交流成为可能的核心机制之一。在对这些组织的描述中,帕斯哈利季斯提出了四种不同的历史短语:文化民族主义、政治宣传、文化外交以及"文化资本主义"。他认为,文化经常被视为"殖民",根据英法案例,这种指控有一定的道理;但在19世纪晚期,在民族主义运动的母国德国和意大利,很多机构——特别是歌德学院和但丁·阿利基埃里学会(Dante Alighieri Society)——是作为该运动的一部分而被构建起来的。他们的目标人群通常是侨民,该群体支持统一的政治工程。

进入20世纪,各国政府开始在此类机构中发挥积极作用,迄今为止本质上仍是唯意志论式的;因为在20世纪三四十年代,德国和意大利都利用其文化机构来传播法西斯思想。在某种程度上,作为对德意两国文化机构的回应,英国文化协会于1934年建立;而美国则制定了第一个正式对外文化政策计划,部分原因是为了应对拉美法西斯主义的兴起。战后时代的国家文化机构大规模地扩张,是由于联合国教科文组织有关文化例外的论争以及英语作为全球语言的空前崛起:很多机构将语言教学作为其核心功能(坚持文化例外,对抗作为世界语言的英语对其本国语言的威胁——译注)——由中国政府支持的孔子学院于2004年成立,其部分功能是为了促进汉语学习,并计划到2020年拥有1000个分支机构。

如帕斯哈利季斯所言,冷战的结束和一个多极化世界的建立给了文化机构以无限生机。他引用了前东欧集团国家的例子,如匈牙利、波兰、捷克共和国以及保加利亚,这些国家在柏林墙被推倒之后,纷纷建立了自己的文化机构。这些机构的另一个最新的发展方向当然是"创意经济"话语的发展与输出——国家品牌和民族文化产品的输出比简单的文化软实力和语言存留更受关注。英国文化协会输出的"创意产业"观念就是此方面的一个例证,协会在这些问题上一直表现得很活跃(如文化创意和世界各地文化产业的"图绘研究")。(BOP Consulting)

结论

显然,文化产品、文化服务以及文化实践经常被在全球范围内进行分配和消费;那么,谈论全球化或国际化的文化政策在多大程度上是有意义的呢？本章已经讨论了一些国际文化政策机构，如联合国教科文组织、世界知识产权组织、联合国贸易和发展会议等——似乎偏离了对普通的文化生产者或消费者的关注，而他们的活动却越来越多地塑造着文化环境。然而，尤为重要的是，除了这些正式机构，如今跨越国界的文化交流已成为常态。

世界范围内的文化交流不局限在国与国之间。城市作为文化政策的重要推动者，在全球创意城市网和世界城市文化论坛等网站上，用多种形式致力于城市间的政策交流。[09]文化机构，特别是收藏机构，如博物馆和画廊等，有自己的全球网络，这有助于制定并执行国际文化政策。（Nisbett 2012）侨民网络既是一个重要的市场，也是电影、音乐以及非商品化文化产品的分销系统。

我们认为，国际文化政策不仅在贸易或知识产权保护的辩论中，也在阐明一整套文化价值观（该价值观冲破或重塑了贸易、所有权和市场观念）时坚持着商业原则。20世纪的国际舞台已发生过许多关于文化政策方面的争斗；而在21世纪，我们看到了关于文化在社会中的作用的新认识，以及将为文化政策提供新框架的文化投资新理论的出现。

* * *

现在，我们来简要概述并总结本书中提出的论点。我们为自己设定的任务是概述文化政策以及文化政策研究中的一些关键问题，并批判性地介入该领域的学术之中。我们首先讨论了"文化政策"所涉及的定义问题；然后，以此思考"文化"和"政策"各自的含义。我们探究了如何定义文化政策中的"文化"——了解文化政策的职权范围，也表明了随着创意产业的到来，对文化政策中"文化"的理解是如何随着时代而变化的。在探究文化政策中的"政策"时，我们的主要目标是在宽泛的公共政策范围内定位文化政策的重要性（尽管在此我们遇到了一些定义方面的难题）。研究文化政策即为政策可能意味着许多事情，我们只是试图勾勒出其中的一部分而已。

之后，我们将注意力转向了三个空间层面：分别以城市、国家和国际的视角来关注文化政策。尽管三个层面间存在着一些重叠，但这种关注让我们看到了文化政策正在以不同的方式运作。尽管一方面是地方，另一方面是全球；与这两个层面相比，国家层面看起来好像黯然失色，但我们还是表明了民族国家仍是政策分析的重点。总之，在这三章中，我们的目标已经展示了不同层面的问题：和其他学者所指出的一样，这关乎一门涉及文化政策的地理学，或者更确切地说，是一系列的地理学。

由于受制于自身的利益和知识的盲点，我们对文化政策的评估必然是片面的。我们花费了大量时间来讨论包容与排斥的问题，注意到其他人将在不同地方划出界限的事实。在某种意义上，我们已经非常"传统"，因为本书主要是通过艺术及其相关领域来关注文化政策的。关于体育，我们并没有多言——尽管英国政府将体育与文化联姻在一起。同样，我们对"英国文化、媒体和体育部"这个名称中所包含的另一个领域所做的研究也不尽人意，那就是：媒体。我们从体育、媒体领域的政策研究中提取了一些案例，但是相比其他领域的政策研究要薄弱得多。尽管批评家们有时会担心这一事实，并对特定学者（以文化政策研究为方向的学者）所做出的选择而产生的后果感到困扰（Bennett 2004），但我们不太关注各自的边界，而对彼此间的关联更感兴趣。我们希望重申本书开篇的引用："弄懂文化政策并将其理解为文化中的重要组成部分。"这句话完全符合本书的主旨，我们正是按照自己的方式来研究文化政策的材料和问题的。

注释

01 南方共同市场（MERCOSUR）成立于1991年，是由阿根廷、巴西、委内瑞拉、巴拉圭和乌拉圭组成的区域性自由贸易区。
02 倾销是指一国为了在另一国建立市场优势，将商品以低于生产成本价格，或是低于其在本国的销售价格出售给他国。
03 韩国于1966年就施行了电影配额制，政府要求每家电影院一年必须放映至少6部韩国电影，并拨出90天只放映韩国电影，其中拨出的天数标准有时变宽有时变窄，比如，1970年要求播出国产电影的时间不得低于30天，1973年变为121天，后又升至165天。——译注
04 欧盟前身是于1951年成立的欧洲煤钢共同体（ECSC），1958年改名为欧洲经济共同体（EEC），1993年更名为欧盟（EU）。在此期间，新成员国不断加入，并通过增加政策来扩大规模。
05 欧洲2020（Europe 2020）是欧盟一项宽泛的经济发展计划。
06 博洛尼亚进程（the Bologna Process）是欧洲高等教育标准与资质融合的一系列会议和协议的总称。
07 欧洲社会基金（the European Social Fund）是欧盟出台的一项增加就业的计划。
08 东盟（Asean）即东南亚国家联盟。

09 参见www.worldcitiescultureforum.com.

参考书目和拓展阅读

- Allard, G. (2007) 'Imagined diversity', *International Journal of Cultural Policy*, 13(1): 71-84.
- Bennett, O. (2004) 'The torn halves of cultural policy research', *International Journal of Cultural Policy*, 10(2): 237-48.
- Braman, S. (2008) 'International treaties and art', *International Journal of Cultural Policy*, 14(3): 315-33.
- BOP Consulting (2010) *Mapping the Creative industries: a Toolkit*, London: British Council.
- Clammer, J. (2012) *Culture, Development and Social Theory: Towards an Integrated Social Development*, London: Zed Books.
- Commission of the European Communities (1984) *Television without Frontiers*, Green Paper, Brussels: CEC, Embodied in Council Directive 89/552/eec.
- Cowen, T. (1998) *In Praise of Commercial Culture*, Cambridge MA: Harvard University Press.
- Cunningham, S. (2009) 'Trojan Horse or Rorschach Blot? Creative industries discourse around the world', *International Journal of Cultural Policy*, 15(4): 375-86.
- Feigenbaum, H. (2010) 'The political economy of cultural diversity in film and television', in J. Singh (ed.) *International Cultural Policies and Power*, Basingstoke: Palgrave MacMillan.
- Gilbson, C. (2012) 'Cultural Economy: Achievements, Divergences, Future Prospects', *Geographical Research*, 50(3): 282-290.
- Gordon, C. (2010) 'Great expectations - the European Union and cultural Policy: fact or fiction?' *International Journal of Cultural Policy*, 16(2): 101-20.
- Held, D. (2005) *Debating Globalization*, Cambridge: Polity.
- Held, D. and McGrew, A. (eds) (2000) *The Global Transformations Reader*, Cambridge: Polity.
- Herman, D. and McChesney, R. (1997) *The Global Media*, London: Cassell.
- Hesmondhalgh, D. (2013) *The Cultural Industries*, third edition, London: Sage.
- Hesmondhalgh, D., Nisbett, M., Oakley, K. and Lee, D. (2014) 'Were New Labour's cultural policies neo-liberal?' *International Journal of Cultural Policy*, online first.
- Kwon, S. -H. and Kim, J. (2013) 'The cultural industry policies of the Korean government and the Korean Wave', *International Journal of Cultural Policy*, online first.
- Lähdesmäki, T. (2012) 'Rhetoric of unity and cultural diversity in the making of European cultural identity', International Journal of Cultural Policy, 18(1): 59-75.
- Lewis, J. and Miller, T. (eds) (2003) *Critical Cultural Policy Studies: A Reader*, Oxford: Blackwell.
- McGuigan, J. (2004) *Rethinking Cultural Policy*, Maidenhead: Open University Press.
- Miller, J. (2012) 'Global Nollywood: the Nigerian movie industry and alternative global networks in production and distribution', *Global Media and Communication*, 8(2): 117-33.
- Miller, T., Govil, N., McMurria, J. and Maxwell, R. (2004) *Global Hollywood*, London: BFI.
- Miller, T. and Yudice, G. (2002) *Cultural Policy*, London: Sage.
- Minnaert, T. (2014) 'Footprint or fingerprint: international cultural policy as identity policy', *International Journal of Cultural Policy*, online first.
- Mukherjee, A. (2008) 'The audio-visual sector in India', in D. Barrowclough and Z. Kozul-Wright (eds) *Creative Industries and Developing Countries: Voice, Choice and Economic Growth*, London: Routledge.
- Nisbett, M. (2012) 'New perspectives on instrumentalism: an empirical study of cultural

diplomacy', *International Journal of Cultural Policy*, online first.
- Nye, J. (2004) *Soft Power: the Means to Success in World Politics*, Cambridge MA: Perseus.
- O'Brien, D. (2013) *Cultural Policy: Management, Value and Modernity in the Creative Industries*, London: Routledge.
- Paschalidis, G. (2009) 'Exporting national culture: histories of Cultural Institutes abroad', *International Journal of Cultural Policy*, 15(3): 275-89.
- Pyykkönen, M. (2012) 'UNESCO and cultural diversity: democratisation, commodification or governmentalisation of culture?' *International Journal of Cultural Policy*, 18(5): 545-62.
- Sen, A. (1999) *Development as Freedom*, Oxford: Oxford University Press.
- Shuker, R. (1994) *Understanding Popular Music*, London: Routledge.
- —— (2003) *Understanding Popular Music*, London: Routledge.
- Stonor Saunders, F. (1999) *Who Pays the Piper? The CIA and the Cultural Cold War*, London: Granta.
- Throsby, D. (2010) *The Economics of Cultural Policy*, Cambridge: Cambridge University Press.
- Tunstall, J. (1994) *The Media are American*, second edition, London: Constable.
- Turner, G. (2014) 'Culture, politics and the cultural industries: reviving a critical agenda', in K. Oakley and J. O'Connor (eds) *The Routledge Companion to the Cultural Industries*, London: Routledge.
- UNCTAD (2008) *The Creative Economy Report: The Challenge of Assessing the Creative Economy: Towards Informed Policy-Making*, New York: UNCTAD. Available at http: //unctad. org/en/docs/ditc20082cer_en. pdf (accessed 14/03/14).
- —— (2010) *The Creative Economy Report: Creative Economy: A Feasible Development Option*, New York: UNCTAD.
- UNESCO (2013) *The Creative Economy Report: Widening Local Development Pathways*, New York: UNESCO.
- WCCD (1995) *Our Creative Diversity: Report of the World Commission on Culture and Development*, Paris: UNESCO. Available at http: //unesdoc. unesco. org/images/0o10/001016/101651e. pdf (accessed 20/11/13).
- Wyszomirski, M., Burgess, C. and Peila, C. (2003) *International Cultural Relations: a Multi-Country Comparison*, Columbus OH: Cultural Diplomacy Research Series, Ohio State University.
- Zhang, W. (2010) 'China's cultural future: from soft power to comprehensive national power', *International Journal of Cultural Policy*, 16(4): 383-402.